古典文獻研究輯刊

二七編

潘美月・杜潔祥 主編

第8冊

如切如磋：經學文獻探研錄（下）

陳 才 著

國家圖書館出版品預行編目資料

如切如磋：經學文獻探研錄（下）／陳才 著 — 初版 — 新北市：
花木蘭文化事業有限公司，2018〔民 107〕
目 2+162 面；19×26 公分
（古典文獻研究輯刊 二七編；第 8 冊）
ISBN 978-986-485-566-7（精裝）
1. 經學 2. 文獻學 3. 研究考訂
011.08   107012287

古典文獻研究輯刊
二七編 第 八 冊   ISBN：978-986-485-566-7

如切如磋：經學文獻探研錄（下）

作　　者　陳才
主　　編　潘美月　杜潔祥
總 編 輯　杜潔祥
副總編輯　楊嘉樂
編　　輯　許郁翎、王筑　美術編輯　陳逸婷
企劃出版　北京大學文化資源研究中心
出　　版　花木蘭文化事業有限公司
發 行 人　高小娟
聯絡地址　235 新北市中和區中安街七二號十三樓
　　　　　電話：02-2923-1455／傳真：02-2923-1452
網　　址　http://www.huamulan.tw 信箱 hml810518@gmail.com
印　　刷　普羅文化出版廣告事業
初　　版　2018 年 9 月
全書字數　243890 字
定　　價　二七編 24 冊（精裝）新台幣 46,000 元

如切如磋：經學文獻探研錄（下）

陳才 著

目
次

三、出土文獻篇

清華簡《耆夜》篇拾遺

　　清華簡《耆夜》篇記述武王征耆勝利後，與畢公高、召公奭、周公旦、辛公甲、作策逸、呂尚父「飲至於文太室」之事。[註1] 其中尤其值得注意的是，簡文中有一首《蟋蟀》詩，而今本《詩經》中亦有《蟋蟀》詩，收於《唐風》中。簡本詩文與今本《詩經》中的《唐風·蟋蟀》在文辭上有不少相近之處，亦有一些差異，今本文辭更爲整齊，用韻亦密。這一現象引起了學界的廣泛興趣，有不少學者撰文就二詩關係作出探討。

　　關於清華簡《耆夜》，文史哲學科的學者均參與討論，學者們根據自己的專業所長提出了一些很好的見解，長短互補，使得很多問題研究得深入透徹，但是，各人囿於各自專業領域，其中一些微疵亦在所難免。下文就其中幾個問題提出淺見，敬請方家批評指正。

一、《耆夜》篇的辨僞

　　由於清華簡並非考古發掘所得，其眞假問題很自然會引起學界關注。清華簡整理者及相關專業的多位專家經過細緻的考察、辨析，之後又經科學檢測，認爲是眞簡。媒體報導後，有學者發表文章，認爲是假簡；隨即，亦有學者提出反證。筆者認爲，有爭論可以使得問題逐漸清晰明朗，所謂「理越辯越明」是也。筆者無意於對論辯雙方的論點、論據與結論置喙，亦無意於《耆夜》簡的眞假發表任何觀點，此處只是就《耆夜》篇的辨僞中要注意的

[註1] 清華大學出土文獻研究與保護中心編：《清華大學藏戰國竹簡（壹）》，上海：中西書局，2010 年，圖版第 10～13、63～72 頁，釋文、注釋第 150～155 頁。

問題提出自己的粗淺看法，希望對於今後其他出土文獻的辨僞工作也可以有一言之助。

首先，有些時候，我們不能把文獻記載，特別是先秦兩漢時期的大部分文獻記載當成絕對眞實的信史來看。即使是後世所修正史，其間有出於史家筆法而作出一些曲筆描寫，亦有出於正史體例而對一些內容加以適當變通。因此，筆者認爲，在文本所建構的意義世界裏，我們要注意區分其與現實世界的差異，而這個差異，在先秦兩漢文獻中表現得尤其突出。理論情況下，文獻所建構的意義世界與現實世界存在三種情況：有些是現實世界的眞實反映，還有些是現實世界的曲折反映，也有些是現實世界的歪曲甚至錯誤反映。而實際上，往往是這三種情況中至少有兩種並存一部文獻中，比如，《山海經》就是一個絕好的例子，其中記載了許多神人、怪物、奇山、異水以及史無明文的國家，我們並不能以爲這些都是眞實存在的，而應該認爲，其中有神話，有傳說，當然，其中也有些是現實世界眞實存在的。

這個分析提醒我們，在對清華簡《耆夜》篇辨僞的時候，要對其文獻性質作出界定，注意不能將《耆夜》所建構的意義世界與現實世界混同，認爲凡與史實不同，就認爲是假簡，與史實相同的就是眞簡。舉例而言，我們看到明人馮夢龍的《東周列國志》，其中所涉及的很多人物與事件與東周時代的史實並不一致，但是，我們不能據此認爲《東周列國志》是僞書。反之，我們今人若用戰國文字將一段《左傳》或《國語》上的文字抄在竹簡、木牘或是縑帛上，雖然其內容與古書記載若符契般相合，我們也絕不能認爲這就是眞的戰國文獻。

其次，我們也不能對我們既有研究結論和對自己的知識經驗過分相信，特別是先秦時期的相關認識。量子力學的研究表明，未知世界是不可知的。雖然隨著考古學的發展，出土了很多文物，使得我們研究已經比較深入了，但是客觀地講，我們對先秦時期的社會、文化、典籍、語言等等的認識還遠遠不足。比如，前儒若對先秦兩漢文獻不能通讀時，常歸咎於文獻有錯簡。可是，爲什麼不是他們自己認識還不夠，尚不足以讀懂這些文獻，而一定的文獻自身有錯呢？而隨著出土文獻的研究深入，我們現在已經知道，錯簡說很不可靠。

《春秋》及《左傳》中有些紀日，後人按照後世曆法推算，可能沒有，便懷疑書中誤記，比如，《春秋》載隱公二年八月的庚辰日，楊伯峻先生《春

秋左傳注》說：「以《長曆》及今法推之，八月不應有庚辰之日，疑《經》有誤字。」〔註2〕這個說法不是沒有可能，但更可能是我們對周代曆法瞭解還不夠，尚不瞭解其紀日的具體方法。前賢的前車之鑒，我們後學要從中吸取教訓。

此外，文獻中的語言，是辨偽的一個重要切入點，因此也有必要單獨拿出來說一說。我們知道，結構主義語言學提出的語言具有共時性和歷時性的原則，在漢語中也是存在的。根據漢語的共時性和歷時性原則，可以幫助解決文獻時代的問題，從方法論上來說，其科學性是毫無疑問的。不過，在實際操作中，也有一個重要的問題我們不能忽視，也就是，我們不能將存在於文獻中的語言與實際語言對等起來看，認為先秦文獻，特別是存世先秦文獻中不存在的語言，當時的現實語言中也一定不存在。據《漢書・藝文志》的記載，其時已經有不少先秦文獻亡佚了，今人已經無從知曉。而那些《漢書・藝文志》未收的先秦文獻，對其數量與內容，現在更是不得而知。現在已經出土的先秦文獻，可能也只是先秦文獻中很小的一部分。據這些很小的一部分文獻來推測全部，難免以偏概全，可能會導致錯誤。加之，現存傳世先秦文獻的歷史層次比較豐富，難免存有後人改寫或同義轉寫的情況，並不能簡單加以對照。這種錯誤，前人的研究中也早已犯過，梁啓超論《老子》晚出就是一個比較著名的例子。梁啓超撰《論〈老子〉書作於戰國之末》一文，列《老子》著作年代可疑之處的第六條，說：

再從文字語氣上論：《老子》書中用「王侯」、「侯王」、「王公」、「萬乘之君」等字樣者凡五處，用「取天下」字樣者凡三處，這種成語，像不是春秋時人所有；還有用「仁義」對舉的好幾處，這兩個字連用，是孟子的專賣品，從前像是沒有的；還有「師之所處，荊棘生焉，大兵之後，必有凶年」，這一類的話，像是經過馬陵、長平等戰役的人纔有這種感覺，春秋時雖有城濮、鄢陵……等等有名大戰，也不見死多少人，損害多少地方，那時的人，怎會說出這種話呢？還有「偏將軍居左，上將軍居右」這種官名，都是戰國的，前人已經說過了：這是第六件可疑。〔註3〕

〔註2〕 楊伯峻：《春秋左傳注》（第2版），北京：中華書局，1990年，第20頁。
〔註3〕 梁啓超：《論〈老子〉書作於戰國之末》，羅根澤編著：《古史辨》第4冊，北平：樸社，1933年，第307頁。

1993 年，湖北荊門出土的郭店簡，已經證實老子並非晚出，梁啟超的結論自然站不住腳。梁啟超的這段論述，錯誤地運用了漢語歷時性原則，以致立論根據不足。有些詞語，我們現在所見的傳世先秦文獻和出土先秦文獻未見，只是說明先秦時期可能沒有，而不是一定沒有。我們不能把這種或然性當成必然性。

清華簡對我們來說，可算是一個未知世界，其中可能有一些我們根據既有知識經驗根本無法預料的信息。我們可以根據既有的知識經驗對其加以探索，作出推測，以豐富我們的認識，但我們不能僅據自己的知識經驗來輕易地下判斷。筆者以為，對清華簡的辨偽和反辨偽的工作還可以繼續深入探討下去，只是，我們不能忽視文獻本身的特殊性以及自身立論證據的可靠性。

二、《耆夜》的寫定年代及文獻性質

據清華簡的整理者介紹，他們「對這批簡的無字殘片標本進行了 AMS 碳 14 年代測定，經樹輪校正的數據為公元前 305±30 年，這與上述專家的意見一致」。〔註4〕如此，則此簡時代為戰國中期偏晚，而簡文所記則是西周武王時期之事。那麼，《耆夜》篇寫定的年代上限即是西周初年，下限則是至少不遲於科學測定的年代，也即戰國中期。

對於此簡寫作年代，有學者認為是西周早年，與簡文所記時代一致。不過，也有不少學者認為此簡的寫作年代不會太早，比如，陳致先生《清華簡中所見古飲至禮及〈耆夜〉古佚詩試解》經過細緻對比和分析，認為：「這幾首詩不太可能是商周之際的原來作品，即使與原來的作品有一定的關係，也是經過了改寫和加工。」〔註5〕劉成群先生《清華簡〈耆夜〉〈蟋蟀〉詩獻疑》分析認為，簡中包括《蟋蟀》在內的幾首詩「有可能是戰國楚士的一種擬作」。〔註6〕劉光勝先生《清華簡〈耆夜〉考論》就將《耆夜》中的部分詞彙與西周、春秋及戰國時代的金文對比，認為該篇「很可能成書於西周中晚期至春秋前

〔註4〕 清華大學出土文獻研究與保護中心編：《清華大學藏戰國竹簡（壹）·前言》，第 4 頁。

〔註5〕 陳致：《清華簡所見古飲至禮及〈耆夜〉中古佚詩試解》，復旦大學出土文獻與古文字研究中心編：《出土文獻與傳世典籍的詮釋——紀念譚樸森先生逝世兩週年國際學術研討會論文集》，上海：上海古籍出版社，2010 年，第 493 頁；《出土文獻》第 1 輯，上海：中西書局，2010 年，第 29 頁。

〔註6〕 劉成群：《清華簡〈耆夜〉〈蟋蟀〉詩獻疑》，《學術論壇》，2010 年第 6 期，第 148 頁。

段」。〔註7〕郝貝欽先生碩士學位論文《清華簡〈耆夜〉整理與研究》從用詞、引詩及用韻情況分析，認爲「應是產生於西周中晚期至春秋前期這一段時間」。〔註8〕

這些分析對於認定《耆夜》簡寫作年代很有幫助，不過，其中亦並非無可商之處。我們在注意到詞語、韻部有其共時性的同時，也不能忽略其歷時性因素的存在：用詞、用韻等情況可以大致反映出寫作年代，但卻忽略了後世對前代文獻加以改寫時，可能也會適當保持其原貌的情況。

《耆夜》篇記飲至時的幾個人物，有周武王及其諸弟、貴爲太師的呂尚，還有一位作策逸。以「作策」廁身其中，顯然與我們瞭解的作策的身份不太相符。所以，本簡不太可能是史官所記的歷史眞實。又，本篇所記頗可見對周公的推崇。我們知道，儒家推崇周公、孔子，而早期儒家文獻可能更加會體現出推崇周公的意圖。劉立志先生《周公作詩傳說的文化分析》論戰國文化氛圍下可能會產生「詩篇本事臆造」，並舉出土文獻和《漢書・藝文志》中的一些託名古聖賢的書籍爲據。〔註9〕其說可參。再綜合考慮本篇的文辭以及語言風格等因素，筆者認爲《耆夜》篇當有較早的來源，不過，更可能寫定於戰國時代。當然，還需要特別指出的是，筆者說戰國時代「寫定」，並不是說本篇是戰國人的「僞造」。〔註10〕至於現在所見到的這篇《耆夜》是楚國儒生的創作，還是楚人傳抄的中原儒家文獻，文獻不足徵，我們尚不能輕下判斷。

還有一事值得一提。整理者將清華簡定性爲經史類文獻，我們需要注意的是，先秦文獻本來是不宜用經史子集四部去歸類的，這我們從《漢書・藝文志》的分類就可以很明顯地看出。「經史類文獻」這個表述是爲了行文方便，也便於大眾理解，從而借用後世的提法。我們要注意，先秦時期的「史書」與後世的史部文獻所俗稱的「史書」，其內涵不宜完全等同，其文獻性質亦不完全相同。《耆夜》篇應該是一部具有後世史部書性質的文獻，但是，

〔註7〕 劉光勝：《清華簡〈耆夜〉詩考論》，《中華文化論壇》，2011 年第 1 期，第 135 頁；《中州學刊》，2011 年第 1 期，第 169 頁。

〔註8〕 郝貝欽：《清華簡〈耆夜〉整理與研究》，天津師範大學碩士學位論文，2012 年，第 57 頁。

〔註9〕 劉立志：《周公作詩傳說的文化分析》，《南京師大學報（社會科學版）》，2010 年第 2 期，第 145～146 頁。

〔註10〕 如果我們不將《耆夜》定性爲「史書」，而是將其認爲是如下文所述的戰國時代的「雜說」，則就沒有必要糾結其內容的僞與不僞了。

我們的研究中，不能以後世史部書所應具有的特徵來審視《耆夜》篇。《漢書·藝文志》說今文經學的魯申公、齊轅固生、燕韓嬰三家說《詩》，「或取《春秋》，採雜說，咸非其本義」。〔註11〕考《耆夜》簡與《詩》有涉，所以筆者頗懷疑它應當與《漢書·藝文志》所說的「雜說」屬於同一類文獻，甚至有可能就是班固所說的「雜說」中的一種。聯繫其周公「制禮作樂」的傳說，若果眞如此，則本篇的發現，意義重大。今後研究戰國至漢初儒家解《詩》系統，這可能是一個重要的突破口，當然，這還需要期待更多的相關出土文獻材料。

三、「周公作歌一終曰《蟋蟀》」

清華簡《耆夜》篇第 10 簡有言「□公作歌一終曰《蟋蟀》」，整理者將此處闕文補爲「周」。從上下文來看，整理者的意見是正確的。不過，筆者認爲已有研究中，對這裡的「作歌一終曰《蟋蟀》」的理解仍有值得商榷之處。

在《耆夜》篇中，除此處言周公「作歌一終曰《蟋蟀》」外，前面還有「王（引者按：指武王）夜爵酬畢公，作歌一終曰《樂樂旨酒》」、「王（引者按：指武王）夜爵酬周公，作歌一終曰《輶乘》」、「周公夜爵酬畢公，作歌一終曰《英英》」、「周公夜爵酬王，作祝誦一終曰《明明上帝》」。「作祝誦一終」與「作歌一終」句式相同，可以一併觀之。整理者在「作歌一終」第一次出現的時候，對它作出了解釋說：

> 作歌一夊，即作歌一終，《呂氏春秋·音初》：「有娀氏有二佚女……二女作歌一終，曰《燕燕往飛》。」古時的詩都可入樂，演奏一次叫作「一終」。〔註12〕

整理者大概是以爲，用樂將詩歌演奏一次叫「一終」。參與清華簡整理工作的劉國忠先生解釋「一終」說：「指一篇詩歌。古代的詩歌可以入樂，演奏一次叫做『一終』。」〔註13〕二說相同，而《漢語大詞典》對「一終」的解釋則是：

〔註11〕（漢）班固撰，（唐）顏師古注：《漢書》，北京：中華書局，1962 年，第 1708 頁。

〔註12〕清華大學出土文獻研究與保護中心編：《清華大學藏戰國竹簡（壹）》，第 152 頁。

〔註13〕劉國忠：《清華簡九篇釋文簡注》，《走進清華簡》，北京：高等教育出版社，2011 年，第 133 頁。

古樂章以奏詩一篇爲一終。每次奏樂共三終。《禮記・鄉飲酒
義》「工入，升歌三終」，唐孔穎達疏：「謂升堂歌《鹿鳴》、《四牡》、
《皇皇者華》，每一篇而一終也。」〔註14〕

仔細分析這兩種說法，清華簡《耆夜》篇整理者與《漢語大詞典》的解釋在
側重點上似乎略有不同：清華簡整理者大概以「一終」是偏重於就詩歌的文
本而言，而《漢語大詞典》則是偏重於就詩歌的樂章而言。

可能正是由於清華簡整理者對於「一終」這個詞的理解有自身的側重
點，在最初的介紹中，整理者認爲《耆夜》篇中出現的《蟋蟀》詩爲周公所
作，如李學勤先生《清華簡〈鄙夜〉》介紹說：「周公見蟋蟀在堂，作了《蟋
蟀》一詩。」〔註15〕李學勤先生在《清華簡九篇綜述》中，對此詩分析道：
「還有周公因聞蟋蟀聲而作的詩《蟋蟀》。」〔註16〕細繹李先生之意，似以
此《蟋蟀》詩爲周公所創作。李學勤先生在《論清華簡〈耆夜〉的〈蟋蟀〉
詩》一文中，直接點明周公作此詩：「最後，周公持爵未飲，有感於蟋蟀驟
降於堂，作詩一篇三章，名爲《蟋蟀》。」〔註17〕當然，作爲清華簡的整理
者，他們說周公作《蟋蟀》詩，是否僅僅是順簡文內容而作出介紹，尚不得
而知。

《耆夜》簡整理者的說法得到了一些學者的響應，有一些學者認爲簡中
的這首《蟋蟀》詩是周公所作。比如黃懷信先生《清華簡〈蟋蟀〉與今本〈蟋
蟀〉對比研究》說：「其中周公所作《蟋蟀》一詩，與今本《詩經・唐風・
蟋蟀》大致相同，可以對讀。」〔註18〕賈海生、錢建芳兩先生合撰《周公
所作〈蟋蟀〉因何被編入〈詩經・唐風〉中》一文，則明確以爲此詩爲周公
的創作。〔註19〕吳新勇《清華簡〈蟋蟀〉及其所見周公無逸思想》明確提
出：「清華簡《蟋蟀》是周公作於周武王繼承文王遺業，進行伐商滅紂之時。」

〔註14〕羅竹風主編：《漢語大詞典》（第2版），上海：漢語大詞典出版社，2001年，
　　　　第80頁。
〔註15〕李學勤：《清華簡〈鄙夜〉》，《光明日報》，2009年8月3日，第12版。
〔註16〕李學勤：《清華簡九篇綜述》，《文物》，2010年第5期。
〔註17〕李學勤：《論清華簡〈耆夜〉的〈蟋蟀〉詩》，《中國文化》第33期，2011年，
　　　　第7頁。
〔註18〕黃懷信：《清華簡〈蟋蟀〉與今本〈蟋蟀〉對比研究》，《詩經研究叢刊》第23
　　　　輯，北京：學苑出版社，2013年，第242頁。
〔註19〕賈海生、錢建芳：《周公所作〈蟋蟀〉因何被編入〈詩經・唐風〉中》，《中國
　　　　典籍與文化》，2013年第4期，第4～7頁。

〔註20〕王鵬程先生《「清華簡」〈耆夜·樂詩〉管窺》一文甚至認爲：「《蟋蟀》一詩句式、風格如此近似《詩經·唐風·蟋蟀》，其又是典禮即興而作，足見周公對《詩經》之熟悉，也爲『周公編《詩經》』一說提供了新佐證。」〔註21〕

不過，也有一些學者提出異議。比如前文已經提及的，陳致先生認爲：「這幾首詩不太可能是商周之際的原來作品，即使與原來的作品有一定的關係，也是經過了改寫和加工。」〔註22〕劉成群先生認爲，包括《蟋蟀》在內的幾首詩「有可能是戰國楚士的一種擬作」。〔註23〕此外，劉光勝先生《清華簡〈耆夜〉考論》分析認爲：「《詩經·蟋蟀》可能早已產生，在戡黎飲至禮上，周公可能是借《蟋蟀》詩來表達自己當時的政治訴求，而不一定是《蟋蟀》的作者。」〔註24〕曹建國先生《論清華簡中的〈蟋蟀〉詩》分析認爲：「清華簡《耆夜》所載《蟋蟀》詩當爲戰國時人的作品，而託名於周公。」〔註25〕劉立志先生《周公作詩傳說的文化分析》一文認爲，此詩「本事憑空而出，於古無徵，當爲戰國時新說，應爲後人擬撰附會」〔註26〕。梅顯懋、于婷婷兩先生在《論兩〈蟋蟀〉源流關係及其作者問題》一文中提出：「史上當有周公席間作《蟋蟀》一事，只不過《蟋蟀》恐怕並非周公原創」，「作」字爲「修潤增飾之意」，「《耆夜》載周公作《蟋蟀》亦當作如是觀」。〔註27〕

〔註20〕吳新勇：《清華簡〈蟋蟀〉及其所見周公無逸思想》，《史學月刊》，2012年第4期，第129頁。

〔註21〕王鵬程：《「清華簡」〈耆夜·樂詩〉管窺》，《中國文物報》，2010年4月30日，第6版。

〔註22〕陳致：《清華簡所見古飲至禮及〈耆夜〉中古佚詩試解》，復旦大學出土文獻與古文字研究中心編：《出土文獻與傳世典籍的詮釋——紀念譚樸森先生逝世兩週年國際學術研討會論文集》，上海：上海古籍出版社，2010年，第493頁；《出土文獻》第1輯，上海：中西書局，2010年，第29頁。

〔註23〕劉成群：《清華簡〈耆夜〉〈蟋蟀〉詩獻疑》認爲簡中包括《蟋蟀》，《學術論壇》，2010年第6期，第148頁。

〔註24〕劉光勝：《清華簡〈耆夜〉詩考論》，《中華文化論壇》，2011年第1期，第130頁；《中州學刊》，2011年第1期，第166頁。

〔註25〕鄧建國：《論清華簡中的〈蟋蟀〉詩》，《2010年中國文學傳播與接受國際學術研討會論文匯編》（中國古代文學部分），2010年，第52頁；《江漢考古》，2011年第2期，第114頁。

〔註26〕劉立志：《周公作詩的文化分析》，《南京師大學報（社會科學版）》，2010年第2期，第146頁。

〔註27〕梅顯懋、于婷婷：《論兩〈蟋蟀〉源流關係及其作者問題》，《遼寧師範大學學

　　爾後，陳民鎮先生撰文分別駁斥陳致、劉成群、劉光勝、曹建國、劉立志等五位先生的觀點，並論證簡本《蟋蟀》詩與周公本事有關。特別要提出的是，該文認爲「周公等人作詩有其合理性」、「《耆夜》的記載是有相當大的可信度的」。〔註28〕

　　出現以上爭議，其實還有一個根本的原因，就是諸位學者對「作歌一終」一詞的理解尚值得商榷，進而影響了對「周公作歌一終曰《蟋蟀》」一句文義的理解。

　　我們需要藉助傳世文獻來理解「作歌一終」的涵義。在傳世文獻中，一般多說某人作歌曰某文，絕大多數情況下，「作歌」後並無「一終」二字，比如：

　　　　《尚書·益稷》：帝庸作歌，曰：「敕天之命，惟時惟幾。」乃
　　歌曰：「股肱喜哉，元首起哉，百工熙哉！」

　　　　《詩經·小雅·四牡》：是用作歌，將母來諗。

　　　　《詩經·小雅·四月》：君子作歌，維以告哀。

　　　　《晏子春秋·內篇諫下》：酒酣，晏子作歌曰：「穗乎不得獲，
　　秋風至兮殫零落，風雨之拂殺也，太上之靡弊也。」

　　　　《說苑·至公》：（國人）乃相與作歌曰：「子文之族，犯國法程。
　　廷理釋之，子文不聽。恤顧怨萌，方正公平。」

上引這幾個「作歌」，都是就文辭而言。只是所歌之辭可以是自己親作，當然，也可以不是自己親作。

　　「一終」或「三終」二詞在先秦兩漢典籍中出現數次。比如，《逸周書·世俘解》：「王奏庸，大享一終。」又有「大享三終」。庸爲樂器，顯然「一終」與樂有關。《逸周書·世俘解》又曰：「王入，進萬獻《明明》三終。」《儀禮·大射儀》曰：「小樂正立於西階東，乃歌《鹿鳴》三終。」「大師及少師、上工皆降，立於鼓北，群工陪於後，乃管《新宮》三終。」《禮記·鄉飲酒義》曰：「工入，升歌三終，主人獻之；笙入三終，主人獻之；間歌三終；合樂三終。工告樂備，遂出。」孔穎達《疏》曰：「謂升堂歌《鹿鳴》、

報（社會科學版）》，2013年第4期，第609、610、610頁。
〔註28〕陳民鎮：《〈蟋蟀〉之「志」及其詩學闡釋——兼論清華簡〈耆夜〉周公作〈蟋蟀〉本事》，《中國詩歌研究》第9輯，北京：學苑出版社，第57～66頁。

《四牡》、《皇皇者華》，每一篇而一終也。」〔註29〕《韓詩外傳》卷六：「子路歌，孔子和之，三終而圍罷。」《說苑・雜言》：「子路不悅，援干而舞，三終而出。」

但「作歌一終」的意思，可能並不僅僅是「作歌」加「一終」。遍檢群籍，似僅有《呂氏春秋・音初》篇出現過「作歌一終」，這已經為《耆夜》篇整理者所指出，前文也已經引出。由於整理者並未對《呂氏春秋・音初》篇中相關文字全部引出，下面在錄出此文：

> 有娀氏有二佚女，為之九成之臺，飲食必以鼓。帝令燕往視之，鳴若謚隘。二女愛而爭搏之，覆以玉筐，少選，發而視之，燕遺二卵，北飛，遂不反。二女作歌一終曰《燕燕往飛》，實始作為北音。

按，《詩經・周南・桃夭》「之子于歸」，《毛傳》曰：「于，往也。」此處的「燕燕往飛」，應當就是「燕燕于飛」的同義轉寫。考「燕燕于飛」見於《詩經・邶風・燕燕》，且《燕燕》詩言「瞻望弗及」，正與《呂氏春秋・音初》中燕北飛不返相合。《呂氏春秋・音初》以此歌為北音，當是就其樂而言，而無關乎文辭。本來，上古時期詩、樂、舞三位一體，我們若再聯繫起一貫相傳的周公「制禮作樂」的說法，在「作歌一終」時一般會伴有文辭和舞蹈，但「作歌一終」的字面義仍應該理解成是就音樂而言的。

也就是說，《耆夜》簡中的「周公作歌一終曰《蟋蟀》」一句，比較合理的解釋應該是指周公就《蟋蟀》詩之文辭而興樂一終。其間很可能會伴有舞蹈，也有歌詞，但我們並不能據此說這裡的《蟋蟀》詩文一定就是周公的創作或改編。前揭劉國忠先生說「一終」是「指一篇詩歌」，當是囿於周公作《蟋蟀》詩而論，似不可從。其實，作樂當是樂工之事，跳舞亦當是舞師之為，而不可能是周公本人親自去跳舞作樂；至於簡本中《蟋蟀》詩之文辭，我們並不能從簡文中得出它是周公所作的結論，就像金文中常見的某人作某器，或某人為其親屬某人作某器，我們不能認為這件器物是這個人親作一樣。因此，我們不能將清華簡《蟋蟀》詩當成周公之創作。

當然，以上所論的「周公作歌一終」，是就文獻本身的「第一意義系統」，也即字面義而言，我們並不能認為，這是歷史的真實反映。上文已經述及，《耆夜》篇的簡文很可能是戰國時期寫定，且有可能是屬於《漢書・藝文志》

〔註29〕　（漢）鄭玄注，（唐）孔穎達正義，呂友仁整理：《禮記正義》，上海：上海古籍出版社，2008 年，第 2295～2296 頁。

中提到的「雜說」一類的文獻。如此，所謂「周公作歌一終曰《蟋蟀》」應該是被建構出來的，其意義只應該存在於此一文本中，我們並不能認為歷史上確實發生過此事。有學者將《蟋蟀》詩認為是周公所作，是沒有道理的。

（本文原刊於《歷史文獻研究》第 35 輯，華東師範大學出版社，2015 年）

清華簡《蟋蟀》詩闕文試補

　　清華簡《耆夜》篇〔註1〕中有一首《蟋蟀》詩，從第 10 簡下半段開始，到第 14 簡末尾結束。《蟋蟀》詩所在的這五支簡，只有第 12 簡完整，第 10 簡上端殘缺一字，但沒有影響到《蟋蟀》詩。第 11、13、14 簡殘缺比較嚴重，影響到本詩的釋讀工作，進而影響到對《耆夜》篇的研究。下面是清華簡《蟋蟀》詩文的寬式隸定：

　　　　蟋蟀在堂，役車其行。今夫君子，不喜不樂。夫日□□，□□
　　□忘。毋已大樂，則終以康。康樂而毋忘，是惟良士之方方。
　　　　蟋蟀在席，歲聿云莫。今夫君子，不喜不樂。日月其邁，從朝
　　及夕。毋已大康，則終以祚。康樂而毋□，是惟良士之愳愳。
　　　　蟋蟀在舒，歲聿□□。□□□□，□□□□。□□□□□□，
　　□□及夏。毋已大康，則終以愳。康樂而毋忘，是惟良士之愳愳。

從分章情況來看，簡本《蟋蟀》詩可分三章，第二章基本完整，而第一、三兩章有多字的闕文。從內容上看，詩文相對整齊，第一、三兩章皆可與第二章對應，這是簡文補闕工作的一個重要條件。

　　雖然這首詩與今本《詩經》中的《唐風・蟋蟀》內容不完全一致，不過大致可以對應，故《唐風・蟋蟀》亦可以作爲我們對殘簡的闕文加以補足的一個重要根據。下面再錄《唐風・蟋蟀》詩於下：

　　　　蟋蟀在堂，歲聿其莫。今我不樂，日月其除。無已大康，職思
　　其居。好樂無荒，良士瞿瞿。

〔註1〕 清華大學出土文獻研究與保護中心編：《清華大學藏戰國竹簡（壹）》，上海：
　　　　中西書局，2010 年，第 10〜13、63〜72、150〜155 頁。

　　　　蟋蟀在堂，歲聿其逝。今我不樂，日月其邁。無已大康，職思
　　其外。好樂無荒，良士蹶蹶。
　　　　蟋蟀在堂，役車其休。今我不樂，日月其慆。無已大康，職思
　　其憂。好樂無荒，良士休休。

初步看來，簡本《蟋蟀》詩第一章對應今本《蟋蟀》詩的第三章，簡本第二
章對應今本第一章，簡本第三章對應今本第二章。

　　對於簡本《蟋蟀》詩的補闕，學界已經做了不少工作，簡文整理者、李
學勤先生、黃懷信先生以及復旦大學出土文獻與古文字研究中心研究生讀書
會皆對清華簡《蟋蟀》詩的闕文作過很好的補充。不過，已有的補闕工作並
不完善，且部分內容仍有可以商榷的餘地。下文就筆者目力所見，在諸家說
法的基礎上對殘簡中的闕文試作補充，希望可以對本篇乃至清華簡，以及今
本《詩經》的研究工作有所幫助。

一、夫日□□，□□□忘

　　此為簡本首章第三句，位於第 11 簡上部，整理者以為此處殘簡「約缺五
字」，遂將此句釋讀為「夫日□□，□□□忘」，並將「忘」讀為「荒」。這大
概是參照旁邊的第 12 簡並與二章相對照而得出的數字，同時亦可能考慮到今
本《詩經》多為四言句的情況。

　　此處闕文惟見黃懷信先生有補。黃懷信先生《清華簡〈耆夜〉句解》說：
　　　　「夫日」下二缺文，疑是「其落」。「夫日其落」，是說太陽將落，
　　正與二章「從朝及夕」相對，皆為描寫之句。後闕三字疑是「毋已
　　大」。「毋已大荒」，正與今本「無以大康」相對。大，太也。荒，逸
　　樂過度。〔註2〕

在黃先生的另一篇鴻文《清華簡〈蟋蟀〉與今本〈蟋蟀〉對比研究》中，亦
有著相似的表述，且所補之字與此相同。〔註3〕黃先生此說雖能自圓其說，然
對照簡文第二、三兩章，則略有不協。特別是「忘（荒）」上一字，二、三兩
章皆為「及」字，則一章亦當以作「及」為善。

　　實際檢視竹簡圖版，筆者以為，整理者以為第 11 簡上部「約缺五字」

〔註2〕黃懷信：《清華簡〈耆夜〉句解》，《文物》，2012 年第 1 期，第 79 頁。
〔註3〕黃懷信《清華簡〈耆夜〉與今本〈蟋蟀〉對比研究》，《詩經研究叢刊》第 23
　　輯，北京：學苑出版社，2013 年，第 244 頁。

並不恰當，此處當約缺六字。在整個《耆夜》篇中，除第 14 簡上部亦殘缺，
不可知曉對應部分幾字外，剩餘的只有第 6、7、12 三支簡上部對應部分爲
五字，而第 1 到 5、8 六支簡當爲六字。第 9、10、11 三支簡對應位置雖有
部分殘缺，但仍可辨別出其中當有六字。也就是說，這十四支簡中，除去殘
缺的第 11、14 簡外，其餘十二支簡在對應位置，有 9 支爲六個字，僅 3 支
爲五個字。由上面的分析可知，第 11 簡上部殘缺部分的長度，可容筆劃繁
複的字五字，或筆劃較爲簡單的字六字。詳見下圖，圖爲清華簡《耆夜》篇
全部 14 支簡上部的截圖，圖中第 11 簡兩旁分別插入第 11 簡下端隨意截取
的八個字和第 12 簡中的「月其邁從朝及夕毋」等八個字，以資對照。

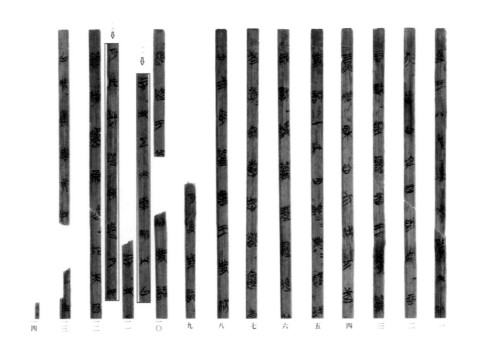

此處闕文對應簡文二章的「日月其邁，從朝及夕」，其中「月（ ）」、
「其（ ）」二字較爲短小，「從」字亦不算長，再考慮到第 11 簡的字間距
較小，此處完全可以容納六個字。所以，此處釋文應該是「夫日□□□，□
□□忘」。如此，我們再根據相應文例來補充殘簡所闕文字。

先看下句。「□□□忘」當與簡文二章的「從朝及夕」和三章的「□〔從〕
□〔多〕及夏」對應，故第一字可能是「從」，第三字可能是「及」；而第二
字，則當是第四字「忘」的反義詞。考朝、夕、夏及此前學者所補的「多」

字皆爲表示時間的概念，故此處的「忘」字未必如整理者所說的讀爲「荒」。復旦大學出土文獻與古文字研究中心研究生讀書會《清華簡〈耆夜〉研讀札記》疑此「忘」可讀爲「望」：

> 據《蟋蟀》第二章「從朝迉（及）夕」、第三章「〔從各（冬）〕迉（及）顕（夏）」，疑此句的「忘」字可讀作「望日」之「望」。〔註4〕

此可備一說，而筆者認爲，此處更可能讀爲「亡」。忘、亡音同通假，傳世文獻習見，高亨先生《古字通假會典》「亡與忘」條列二十餘條書證，尤其是《周易‧泰卦》「亡得尚於中行」、《老子》「死而不亡者壽」，漢帛書本皆作「忘」；《詩經‧大雅‧假樂》「不愆不忘」，《說苑‧建本》引作「亡」。〔註5〕前兩個例子說明，今本中的「亡」，在偏早期的出土文獻中有作「忘」的；第三個例子可說明今本《詩經》中有亡、忘通假的情況。此外，王輝先生《古文字通假字典》亦列亡、忘通假，並以《老子》「死而不亡」，馬王堆帛書中《老子》甲、乙本作「忘」爲書證。〔註6〕帛書雖屬漢代，但乃楚地之物，二者所使用的文字當有一定延續性。此外，《詩經‧秦風‧終南》「壽考不亡」，《漢書‧禮樂志》及徐幹《中論‧爵祿》所引皆作「忘」。王引之《經義述聞》曰：「忘，猶已也。作『亡』者，假借字耳……『壽考不忘』，猶言萬壽無疆也。」〔註7〕

又，《唐風‧蟋蟀》的下一篇爲《山有樞》，雖《詩序》對二詩所闡發的詩旨不同，但通觀詩文，二篇文義當有相通之處。其文曰：

> 山有樞，隰有榆。子有衣裳，弗曳弗婁。子有車馬，弗馳弗驅。
> 宛其死矣，他人是愉！
> 山有栲，隰有杻。子有廷內，弗灑弗埽。子有鐘鼓，弗鼓弗考。
> 宛其死矣，他人是保！
> 山有漆，隰有栗。子有酒食，何不日鼓瑟？且以喜樂，且以永

〔註4〕 復旦大學出土文獻與古文字研究中心研究生讀書會：《清華簡〈耆夜〉研讀札記》，http：//www.gwz.fudan.edu.cn/SrcShow.asp？Src_ID=1347（2014.02.05 檢索）。

〔註5〕 高亨纂著，董治安整理：《古字通假會典》，濟南：齊魯書社，1989 年，第 315～316 頁。

〔註6〕 王輝編著：《古文字通假字典》，北京：中華書局，2008 年，第 450 頁。

〔註7〕 （清）王引之：《經義述聞》，南京：江蘇古籍出版社，2000 年，第 122 頁下。

　　　　日。宛其死矣，他人入室！

其曰「宛其死矣」，則簡本《蟋蟀》言「亡」，從文義上來看，也並非毫無根
據。此字既可讀爲「亡」，故疑第二字可能是與之相反的「生」字。「從生及
亡」，正順承前文「役車其行」言。此外，《詩經・唐風》中亦有生、亡對舉
的文例，比如《葛生》：

　　　　葛生蒙楚，蘞蔓于野。予美亡此，誰與獨處？

　　　　葛生蒙棘，蘞蔓于域。予美亡此，誰與獨息？

　　　　角枕粲兮，錦衾爛兮。予美亡此，誰與獨旦？

　　　　夏之日，冬之夜。百歲之後，歸于其居。

　　　　冬之夜，夏之日。百歲之後，歸于其室。

此詩首章、二章分別以「葛生蒙楚」「葛生蒙棘」與「予美亡此」對言。又，
此詩四章、五章由冬夏言及「百歲之後」，這與簡本《蟋蟀》詩「從冬及夏」
「從生及亡」在情感上有相通之處。

　　　　再看上句。對照今本《詩經》中《唐風・蟋蟀》來看，這裡上句「夫日
□□□」對應的文字當是一章的「日月其除」或三章的「日月其慆」，所以，
上句「夫日」下當是「月其」二字，第三字則可能是「除」或「慆」。筆者認
爲「慆」字較「除」字爲優，理由有二：其一，除、慆義近，《毛傳》：「除，
去也。」「慆，過也。」王先謙《詩三家義集疏》以「慆」字《韓詩》作「陶」，
並說：「毛訓『慆』爲『過』，韓訓『陶』爲『除』，除、過義亦通。」〔註 8〕
審《唐風・蟋蟀》詩，三章當爲層遞關係，則「慆」較「除」義爲強烈。高
亨先生《詩經今注》：「除，去也。」「慆，逝去也。」〔註 9〕此說當更洽詩意。
聯繫起下句或即「從生及亡」，而二章爲「從朝及夕」，三章爲「□□及夏」
來看，本章語氣最爲強烈，所以此處爲「慆」的可能性更大。其二，在我們
初步的印象中，簡本一章與今本三章相對應，此作「慆」，正與這個初步印象
相合。

　　　　若依照復旦大學出土文獻與古文字研究中心研究生讀書會的意見，則此
處下句第二字似乎可補爲「朔」，然此較拙見略下一籌。因此，筆者認爲，這
裡的闕文可補爲：「夫日□〔月〕□〔其〕□〔慆／除〕，□〔從〕□〔生？〕

〔註 8〕 （清）王先謙撰，吳格點校：《詩三家義集疏》，北京：中華書局，1987 年，
　　　　第 416 頁。

〔註 9〕 高亨：《詩經今注》，北京：清華大學出版社，2010 年，第 96 頁。

□〔及〕忘（亡）。」

二、康樂而毋□，是惟良士之思思

此爲簡本二章末句，位於第 13 簡上部。上句闕文，整理者補爲「忘」，並認爲亦當如一章之「忘」，讀爲荒。從簡文第一、三章皆爲「康樂而毋忘」來看，整理者之補是正確的。對照今本《唐風‧蟋蟀》，此句爲「好樂無荒」，此「忘」字讀爲「荒」，也是正確的。李學勤先生《論清華簡〈耆夜〉的〈蟋蟀〉詩》直接將此字補爲「荒」。〔註10〕

下句「是」字，原簡殘左半，作「　」。此句對應的簡文第一章是「是惟良士之方方」，對應的簡文第三章是「是惟良士之思思」；此　字殘劃亦與本簡中一、三兩章對應的兩個「是」字（　、　）相合。整理者直接隸爲「是」字是正確的。

整理者的觀點爲學界廣泛認同。引清華簡《蟋蟀》詩時，大部分學者不作說明，直接引作「康樂而毋荒，是惟良士之思思」。

三、蟋蟀在舒，歲聿□□

此爲簡本三章首句，位於第13簡下部。「聿」下一字殘泰半，作「　」，僅存右上角，且模糊難辨。對照簡文二章「歲聿云莫」來看，此字當爲「云（員）」字之殘劃。簡文二章的「云（員）」字寫作「　」，與「　」字殘劃可相對應。整理者將「　」隸定爲「員」，並認爲讀作「云」，甚是。

「　」下一字，簡文殘缺。黃懷信先生《清華簡〈耆夜〉句解》認爲：「此『歲矞員』下闕字疑當如今本二章作『逝』，往也。」〔註11〕《清華簡〈蟋蟀〉與今本〈蟋蟀〉對比研究》說同。〔註12〕聯繫起今本《唐風‧蟋蟀》詩來看，黃先生之說甚是，當從。

四、□□□□，□□□□

此爲簡本第三章次句，位於第13簡下部及第14簡上部。整理者推測此

〔註10〕 李學勤：《論清華簡〈耆夜〉的〈蟋蟀〉詩》，《中國文化》，2011 年第 33 期，第 7 頁。
〔註11〕 黃懷信：《清華簡〈耆夜〉句解》，第93頁。
〔註12〕 黃懷信：《清華簡〈耆夜〉與今本〈蟋蟀〉對比研究》，第 246 頁。

處殘八字，可從。李學勤《論清華簡〈耆夜〉的〈蟋蟀〉詩》將其補爲「今夫君子不喜不樂」，其間未斷句。〔註13〕李先生在後文中解釋說：

> 尤其特別的是其中「今夫君子不喜不樂」沒有韻腳，八字只好作一句讀。如其第二章：「今夫君子不喜不樂，日月其返（引者按：『返』疑爲『邁』字誤排，此文有不少排版錯誤。），從朝及夕」，韻腳落於「夕」字，按照王力先生的說法，乃是「疏韻」。〔註14〕

按《詩經》二言至九言不等，如李先生說亦未嘗不可。黃懷信先生《清華簡〈耆夜〉句解》認爲此處闕文：「以例疑亦是『今夫君子，不（丕）喜不（丕）樂』。」〔註15〕《清華簡〈蟋蟀〉與今本〈蟋蟀〉對比研究》說同。〔註16〕筆者更傾向於認同黃懷信先生的說法。又，「不喜不樂」讀爲「丕喜丕樂」，可從，不過也有學者提出反對意見。筆者別有專文詳考，此不贅言。〔註17〕

此處對應的簡文一章、二章皆爲「今夫君子，不喜不樂」，故李學勤先生和黃懷信先生之說可從。

五、□□□□□，□□及夏

此爲簡本三章第三句，「及夏」二字亦僅殘存右半。對於下句，復旦大學出土文獻與古文字研究中心研究生讀書會《清華簡〈耆夜〉研讀札記》指出：

> 此句原簡僅存 ▉ 和 ▉ 二字，整理者已經指出：「或疑『母』上二字爲『迨（及）顕（夏）』。」其說甚是。 ▉ 字殘劃可與「從朝迨（及）夕」句之 ▉ 對應，當爲「迨（及）」字無誤。 ▉ 字殘劃也可與楚文字中的「顕（夏）」字對應，如 ▉（《尹至》簡1）。此章以魚部字爲韻，「顕（夏）」字正在韻腳處，押魚部韻，也可以證明此字爲「顕（夏）」無誤。從上章「從朝迨（及）夕」來看，此章「□□迨（及）顕（夏）」所缺二字，極有可能是「從各（冬）」。「冬夏」

〔註13〕李學勤：《論清華簡〈耆夜〉的〈蟋蟀〉詩》，第7頁。
〔註14〕李學勤：《論清華簡〈耆夜〉的〈蟋蟀〉詩》，第8頁。
〔註15〕黃懷信：《清華簡〈耆夜〉句解》，第93頁。
〔註16〕黃懷信：《清華簡〈蟋蟀〉與今本〈蟋蟀〉對比研究》，第246頁。
〔註17〕參看拙文《由清華簡〈蟋蟀〉看歷代詩經學的幾處誤讀——兼談清華簡〈尹至〉〈金縢〉〈耆夜〉三篇的辨僞》，《國學季刊》，2016年第2輯，濟南：山東人民出版社。〔附註：該文亦收入本書，第177～187頁。〕

對舉的例子多見，如《唐風・葛生》「夏之日，冬之夜」「冬之夜，夏之日」和《陳風・宛丘》「無冬無夏」等。〔註18〕

此說甚辨，言之確鑿，當從。

對於此處闕文，黃懷信先生《清華簡〈耆夜〉句解》說：

> 再下闕文，以例疑是「日月其慆」。慆，過也。再下闕（引者按：此字當爲「闕」字之誤。）文，以例疑亦是「無已大康」之類。
>
> 〔註19〕

黃懷信先生《清華簡〈蟋蟀〉與今本〈蟋蟀〉對比研究》則對這個說法略有修正：

> 再下闕文，以例疑是「日月其除（或慆）」。除、慆，皆過也。再下闕（引者按：此字當爲「闕」字之誤。）文，以例疑亦是「無已大康」之類。〔註20〕

按下句若如黃懷信先生所說，爲「無以大康」，一則與簡中殘文不合，亦不能與簡文二章「從朝及夕」對應，故此說非是。此處當如整理者的意見，將殘文隸爲「及夏」，亦當如復旦大學出土文獻與古文字研究中心研究生讀書會《清華簡〈耆夜〉研讀札記》之說，將前面二字補爲「從冬」。這樣，簡文三章才相對整齊。

由於第13簡下部和第14簡上部均殘缺，具體字數很難確定。整理者以爲此處上句闕6字，並未作出說明；而復旦大學出土文獻與古文字中心研究生讀書會《清華簡〈耆夜〉研讀札記》所附釋文中，則以爲闕4字，亦未作出說明。〔註21〕考第13簡殘缺部分約有8～9字，第14簡上端約有10字。我們將第13簡下端空出「歲聿□□」句殘去的二字外，再取簡中的兩處「今夫君子，不喜不樂」與之比對，可知，「樂」一字或「不樂」二字當位於第14簡上端。那麼，此處上句當闕4～5字，而並非整理者認爲的6字。若闕4字，則此處當與簡本二章「日月其邁」相類；若闕5字，則當如簡本一章，前有一「夫」字。

〔註18〕復旦大學出土文獻與古文字研究中心研究生讀書會：《清華簡〈耆夜〉研讀札記》（2014.02.05檢索）。

〔註19〕黃懷信：《清華簡〈耆夜〉句解》，第93頁。

〔註20〕黃懷信：《清華簡〈蟋蟀〉與今本〈蟋蟀〉對比研究》，第246頁。

〔註21〕復旦大學出土文獻與古文字研究中心研究生讀書會《清華簡〈耆夜〉研讀札記》（2014.02.05檢索）。

　　結合簡文一、三兩章及《唐風・蟋蟀》詩來看，黃懷信先生將上句補爲「日月其除（或慆）」是正確的。筆者前文已述，此處簡文一章對應位置的闕文補足後當是「夫日月其慆」或「夫日月其除」，而作「夫日月其慆」的可能性更大。那麼，此處闕文應該是「（夫）日月其除」或「（夫）日月其慆」，而作「（夫）日月其除」的可能性更大。考簡文三章很有可能押魚部韻，「慆」爲幽部，而「除」正爲魚部。據向熹先生的考察，《詩經》中幽部可與覺部、宵部、侯部、屋部、東部通押，但沒有與魚部通押的用例；而「魚鐸陰入對轉，通韻多達 20 處。至於合韻，除了之魚有五處合韻以外，沒有跟其他韻部合韻的例子」〔註 22〕。所以筆者雖不排除此處闕文的上句爲「（夫）日月其慆」，但更傾向於認爲是「（夫）日月其除」。

六、闕文試補

　　綜合上文的分析，清華簡《蟋蟀》詩文已經大致清晰，很可能是：

　　　　蟋蟀在堂，役車其行。今夫君子，不（丕）喜不（丕）樂。夫日□〔月〕□〔其〕□〔慆〕，□〔從〕□〔生？〕□〔及〕忘（亡）。毋已大樂，則終以康。康樂而毋忘，是惟良士之方方。

　　　　蟋蟀在席，歲聿云莫。今夫君子，不喜不樂。日月其邁，從朝及夕。毋已大康，則終以祚。康樂而毋□〔忘〕，是惟良士之愳愳。

　　　　蟋蟀在舒，歲聿□〔云〕□〔逝〕。□〔今〕□〔夫〕□〔君〕□〔子〕，□〔不〕□〔喜〕□〔不〕□〔樂〕。（□〔夫〕）□〔日〕□〔月〕□〔其〕□〔除〕，□〔從〕□〔冬〕及夏。毋已大康，則終以懼。康樂而毋忘，是惟良士之愳愳。

　　　　（本文原刊於《文津學誌》第 9 輯，國家圖書館出版社，2016 年）

〔註 22〕向熹：《〈詩經〉語文論集》，成都：四川民族出版社，2002 年，191～192、194～195 頁。

由清華簡《蟋蟀》看歷代詩經學的幾處誤讀——兼談清華簡《尹至》《金縢》《耆夜》三篇的辨僞

　　今本《詩經・唐風・蟋蟀》中的「今我不樂」一句，歷代學者無法給出合理的解釋，以使文義貫通，而清華簡《蟋蟀》詩中的「不喜不樂」一句可以幫助我們解決這個問題。下文就此試作一些粗淺的考察，並進而對與之相關的一些問題作出分析，以求教於賢達君子，敬請是正爲幸。

一、歷代學者對《唐風・蟋蟀》「不樂」的解釋都是錯誤的

《唐風・蟋蟀》詩曰：

　　　　蟋蟀在堂，歲聿其莫。今我不樂，日月其除。無已大康，職思其居。好樂無荒，良士瞿瞿。

　　　　蟋蟀在堂，歲聿其逝。今我不樂，日月其邁。無已大康，職思其外。好樂無荒，良士蹶蹶。

　　　　蟋蟀在堂，役車其休。今我不樂，日月其慆。無已大康，職思其憂。好樂無荒，良士休休。

《鄭箋》於《唐風・蟋蟀》詩首章釋曰：

　　　　我，我僖公也。蟋在堂，歲時之候，是時農功畢，君可以自樂矣。今不自樂，日月且過去，不復暇爲之，謂十二月當覆命農計耦耕事。君雖當自樂，亦無甚大樂，欲其用禮爲節也，又當主思於所

居之事，謂國中政令。荒，廢亂也。良，善也。君之好樂，不當至
於廢亂政事，當如善士，瞿瞿然顧禮義也。〔註1〕

鄭玄的意思是，你晉僖公現在不自行其樂的話，日月流逝，以後就來不及了。
不過，你在行樂時，也別太高興了，要以禮自我制約才好。作爲人君，愛好
行樂，但不應該荒廢政事，要像良士那樣顧及禮義。鄭玄此解，大概是以「樂」
指自樂，或者以「我不樂」指「不自樂」，這都沒有訓詁學上的證據；而且，
其所串講的文義頗爲迂曲。此後的歷代學者在解釋此句的時候，雖然不大認
同鄭玄的說法，也並沒有提出什麼更好的說法。一般都是按照本篇《詩序》
「欲其及時以禮自虞樂」的說法，以「今我不樂」指當及時行樂，這從訓詁
學上來看，也不恰當，「及時」二字，義無從出。而且，《毛詩序》是漢人對
《毛詩》的解釋，其中雖然可能也保留了戰國時期的一些見解，但是這是一
種倒推，顯然不能避免其中存在本末倒置的嫌疑。

今本《詩經》中，《唐風·蟋蟀》詩有三章，三章於「今我不樂」後都有
「無已大康」和「好樂無荒」二句，它們與閻公盨中的「康亡不懋」句相類，
均爲告誡之辭。高亨先生《詩經今注》：「無已，不要。」〔註2〕《毛傳》：「康，
樂也。」《爾雅·釋詁》同。《逸周書·諡法》亦曰：「豐年好樂曰康。」〔註3〕
此「大康」猶言太樂，下文又說「好樂」，則上文的「不樂」也沒有理由理解
成「不快樂」。而且，從情理的角度來說，一般心情舒暢、快樂的時候，才會
感到時間會不經意地流逝，正如《唐風·蟋蟀》所謂「日月其除」；而在心情
憂傷或鬱悶的時候，則會覺得時間過得很慢，甚至度日如年，只有在「尋尋
覓覓，冷冷清清，淒淒慘慘戚戚」的心境下，才容易產生「最難將息」的無
邊悵惘。

本詩三章的「今我不樂，日月其除」「今我不樂，日月其邁」「今我不樂，
日月其慆」，句義基本相近，且當有層遞關係。〔註4〕古人的解釋不大合理，

〔註1〕 （漢）毛亨注，（漢）鄭玄箋，（唐）孔穎達疏，（唐）陸德明音釋，朱傑人、
李慧玲點校：《毛詩注疏》，上海：上海古籍出版社，2013年，第535～536頁。

〔註2〕 高亨：《詩經今注》，北京：清華大學出版社，2010年，第96頁。

〔註3〕 豐，本或作「溫」，此從盧文弨校改。見黃懷信、張懋鎔、田旭東：《逸周書
匯校集注》（修訂本），上海：上海古籍出版社，2007年，第653頁。

〔註4〕 參看拙文《清華簡〈蟋蟀〉詩闕文試補》，《中國文字研究》創刊15週年暨中
國文字研究與應用學術研討會宣讀，華東師範大學，2014年11月21～23日；
後刊於《文津學誌》第9輯，北京：國家圖書館出版社，2016年，第75～82
頁。〔附註：該文亦收入本書，第167～175頁。〕

現當代《詩經》學者在翻譯的時候，也並沒有提出更好的見解。現就首章的
「今我不樂，日月其除」列舉一些名家的譯文：比如，馬持盈先生《詩經今
注今譯》將其譯爲：「不趁著現在快樂一番，時間很快的就過去了。」〔註5〕
陳子展先生《詩經直解》將其譯爲：「今我不快樂，光陰便要去。」〔註6〕
程俊英先生《詩經譯注》將其譯爲：「今不及時去尋樂，光陰一去再不還。」
〔註7〕袁梅先生《詩經譯注》將其譯爲：「今日我不及時行樂，歲月將如流水
逝波。」〔註8〕袁愈荌《詩經全譯》將其譯爲：「如我現在不行樂，日子白白
空跑掉。」〔註9〕總之，諸家不外乎以「今我不樂」指若不及時行樂，或指
假如不快樂。這兩種說法雖然可以使句義通暢，但前說沒有訓詁學上的依
據，後說與下文不協，且不合情理。又，「今我不樂」與「日月其除」等句
並不能構成假設關係。以上所舉學者在譯注《詩經》時，未必未發現這裡文
義不協，更可能只是苦於沒有更多文獻材料的支撐，不得不從舊說而已。

　　綜上所論，很顯然，《唐風・蟋蟀》中「今我不樂」一句，特別是「不樂」
一詞的意思很值得重新思考。只是，在傳世文獻中，這個問題暫不能得到解
決。

二、清華簡《蟋蟀》詩「不喜不樂」當讀爲「丕喜丕樂」

　　傳世文獻中沒有更好解決途徑的問題，可以依靠相關出土文獻來解決。
以前，《詩經》方面的出土文獻只有阜陽漢簡《詩經》以及一些零星材料，尚
無法得出《唐風・蟋蟀》「不樂」一詞的準確訓詁。而清華簡的出現，則使這
個問題的解決得到轉機。

　　清華簡《耆夜》篇中有一首《蟋蟀》詩，與今本《唐風・蟋蟀》詩在文
辭上雖略有不同，但文句基本可以對照。現據整理者的意見，筆者對清華簡
《蟋蟀》詩闕文亦有所補充，現用寬式隸定錄其文於下：

　　　　蟋蟀在堂，役車其行。今夫君子，不喜不樂。夫日□〔月〕□
　　〔其〕□〔慆〕，□〔從〕□〔生？〕□〔及〕忘（亡）。毋已大樂，

〔註5〕馬持盈：《詩經今注今譯》第6版，臺北：臺灣商務印書館，1979年，第160
　　　頁。
〔註6〕陳子展：《詩經直解》，上海：復旦大學出版社，1980年，第340頁。
〔註7〕程俊英：《詩經譯注》，上海：上海古籍出版社，1985年，第197頁。
〔註8〕袁梅：《詩經譯注》，濟南：齊魯書社，1985年，第306頁。
〔註9〕袁愈荌譯詩，唐莫堯注釋：《詩經全譯》，貴陽：貴州人民出版社，2008年，第
　　　144頁。

則終以康。康樂而毋忘，是惟良士之方方。

　　蟋蟀在席，歲聿云莫。今夫君子，不喜不樂。日月其邁，從朝
及夕。毋已大康，則終以祚。康樂而毋□〔忘〕，是惟良士之思思。

　　蟋蟀在舒，歲聿□〔云〕□〔逝〕。□〔今〕□〔夫〕□〔君〕
□〔子〕，□〔不〕□〔喜〕□〔不〕□〔樂〕。□〔日〕□〔月〕
□〔其〕□〔除〕，□〔從〕□〔冬〕及夏。毋已大康，則終以思。
康樂而毋忘，是惟良士之思思。〔註10〕

簡文中有一句「不喜不樂」，與《唐風・蟋蟀》中「不樂」一詞正相對應，對
這一句的理解，正好可以幫助我們解決《唐風・蟋蟀》詩中「今我不樂」句
解釋不通的問題。

　　已經有一些學者對簡文《蟋蟀》詩中的「不喜不樂」一詞的意義進行分
析，提出自己的看法。孫飛燕女士《〈蟋蟀〉試讀》對今本《詩經》中「不
喜」、「不樂」加以分析，認爲：

　　　　上舉《詩經》各章用的是「未見君子……既見君子」的句式，
　　在這些篇章中「不樂」與「憂」爲近義詞，與「樂」爲反義詞，因
　　此「不樂」是「憂」的意思，指憂慮、擔心。據此，今本的「今我
　　不樂」與簡本「今夫君子，不喜不樂」是說君子感到心憂，而不能
　　像過去學者那樣理解爲即時行樂。〔註11〕

此說仍是受今本《詩經》影響。前文已述，在憂傷的心緒中，心理上是不會
覺得「日月其除」的；「日月其除」、「日月其邁」、「日月其慆」一般只有在
心情高興、快樂的時候才能產生。再考慮到，「丕」是「不」的後起分化字，
在先秦時代，「不」、「丕」二字都用「不」這個字形來表示。因此，這裡當
與《詩經・大雅・清廟》中的「不顯不承」讀爲丕顯丕承一樣，「不喜不樂」
當讀爲丕喜丕樂。這一點，已有學者論證，如曹建國先生《論清華簡中的〈蟋
蟀〉詩》認爲「不喜不樂」與典禮氣氛及上下文義不協，並論道：

　　　　所以我們認爲「不喜不樂」的「不」或當讀爲「丕」。丕，或訓
　　爲語詞……或訓爲大……若「不」既通「丕」爲語詞，簡文「不喜
　　不樂」就可讀爲「丕喜丕樂」，猶「以喜以樂」或「載喜載樂」。如

〔註10〕　參看拙文《清華簡〈蟋蟀〉詩闕文試補》，《文津學誌》第9輯，第82頁。〔附
　　　　註：該引文亦收入本書，第175頁。〕

〔註11〕　孫飛燕：《〈蟋蟀〉試讀》，《清華大學學報（哲社版）》，2009年第5期，第12頁。

「丕」皆爲「大」，則「不喜不樂」就爲「大喜大樂」。無論是「以喜以樂」，還是「大喜大樂」，都能協於全詩。〔註12〕

「丕喜不樂」是否如曹建國先生所說，「猶『以喜以樂』或『載喜載樂』」，可以商榷，但將此處的「不」讀爲「丕」，以丕爲語詞，或訓爲「大」，都是可從的。黃懷信先生《清華簡〈蟋蟀〉與今本〈蟋蟀〉對比研究》亦說：

> 「不喜不樂」，以字面，不僅與當時場景不合，也與下文「毋已大樂」等不合。所以，「不」宜如其上文「不顯來格」及《周頌·清廟》「不顯不承」之「不」，讀爲「丕」，大也。不（丕）喜不（丕）樂，即大喜大樂。因爲是飲酒慶功，所以說大喜大樂。〔註13〕

黃懷信先生將「不喜不樂」置於《耆夜》篇所述的場景和上下文義中來考察，指出「不喜不樂」當訓爲「丕喜丕樂」，且舉出訓詁學上的例證，其說甚辨，當從。聯繫簡文下文所說的「大（太）樂」「大（太）康」，則以「不」讀爲「丕」，訓爲「大」，是一個較將「丕」訓爲語詞更爲合適的見解。

不過，陳民鎮先生《〈蟋蟀〉之「志」及其詩學闡釋——兼論清華簡〈耆夜〉周公作〈蟋蟀〉本事》一文則否定了曹建國、黃懷信二先生之說：

> 總之，這一組均強調不過度逸樂，如此方能長久。曹建國、黃懷信等先生將「不喜不樂」讀作「丕喜丕樂」，實際上背離了詩篇的原意。〔註14〕

此說似以「不樂」指「不過度逸樂」，這從訓詁上來看，是增字爲訓，從原文中看不出可以有「過度」的意思，顯然不可從。再者，陳民鎮先生所謂的「詩篇的原意」，應當是指：「其一，不過度逸樂，有節制，不放縱；其二，時光易逝，珍惜光陰；其三，戒驕戒躁，憂懼謹慎。」〔註15〕其實，清華簡《蟋蟀》詩中的「毋已大樂」、「毋已大康」已經表示了他所說的第一層意思，「歲

〔註12〕曹建國：《論清華簡中的〈蟋蟀〉詩》，《2010年中國文學傳播與接受國際學術研討會論文匯編》（中國古代文學部分），2010年，第47～48頁；《江漢考古》，2011年第2期，第110～111頁。劉立志：《周公作詩的文化分析》，《南京師大學報（社會科學版）》，2010年第2期，第146頁。

〔註13〕黃懷信：《清華簡〈蟋蟀〉與今本〈蟋蟀〉對比研究》，《詩經研究叢刊》第23輯，第244頁。相似內容亦見黃懷信：《清華簡〈蟋蟀〉句解》，《文物》，2012年第1期，第79頁。

〔註14〕陳民鎮：《〈蟋蟀〉之「志」及其詩學闡釋——兼論清華簡〈耆夜〉周公作〈蟋蟀〉本事》，《中國詩歌研究》第9輯，第72頁。

〔註15〕陳民鎮：《〈蟋蟀〉之「志」及其詩學闡釋——兼論清華簡〈耆夜〉周公作〈蟋蟀〉本事》，《中國詩歌研究》第9輯，第73頁。

聿云莫（暮）」、「歲聿〔云逝〕」已經表示了第二層意思，「康樂而毋忘（荒）」已經表示了第三層意思。聯繫下文「康樂而毋忘（荒）來看，將「不喜不樂」讀爲「丕喜丕樂」，也是屬於陳民鎮先生所謂的第一層和第三層意思，而並沒有「背離了詩篇的原意」。

簡中下文有「大樂」「大康」及「康樂」，而且此簡描述的是征伐勝利過後的「慶功」活動，沒有產生不快樂心緒的情境和背景條件。其實，曹建國、黃懷信二位先生之說已經表達了這個意思，但是，陳民鎮先生並沒有將上下文義以及訓詁學上的證據納入考察範圍，而在理解上存在一些錯誤，因此其說不可從。將「不喜不樂」讀爲「丕喜丕樂」，指大喜大樂，應該是更貼合文義、更符合文中所描述的情境的一個更爲合理的解釋。

三、《唐風・蟋蟀》詩「不樂」也應當讀爲「丕樂」

李均明先生亦撰文就「不喜不樂」發表觀點，認爲其義當爲「亦喜亦樂」。他在分析先秦傳世文獻以及青銅銘文上的「不」字的字義後，提出：

> 「不」字在先秦時作爲語助詞的用法是常見的，則簡文之「不喜不樂」即「熹樂」也，《唐風・蟋蟀》之「不樂」即「樂」也。作此解與簡文《蟋蟀》的大背景及具體環境完全符合。〔註16〕

此說將「不」理解爲語助詞，容有可商，不過提供了一個很好的視角，也就是認爲今本《詩經》中的《唐風・蟋蟀》詩的「不樂」亦與簡本中的「不樂」詞義相同。只是，作者在文中沒有具體論證。

前文已論，清華簡《蟋蟀》詩中的「不喜不樂」當讀爲「丕喜丕樂」，以「丕」訓大，最爲合理。如此，今本《詩經》中《唐風・蟋蟀》詩「今我不樂」中的「不樂」，也應當讀爲「丕樂」，訓爲大樂。只有讀爲「今我丕樂」，才能使人覺得時間不經意地流逝，從而產生「日月其除」「日月其邁」「日月其慆」的心緒；只有讀爲「今我丕樂」，下文的「無已大康」語義上才有著落而不會顯得突兀；也只有在「今我丕樂」的前提條件下，才會引發詩人「無已大康，職思其居」「職思其外」「職思其憂」的告誡。總之，將《唐風・蟋蟀》中的「不樂」改讀爲「丕樂」，詩文語意連貫，簡潔明瞭：現在我們如此高興，時間過得飛快。但我們不要太高興了，要以政事爲重。而且，這樣的

〔註16〕李均明：《〈蟋蟀〉詩主旨辨——由清華簡「不喜不樂」談起》，《紹興文理學院學報》，2014年第1期，第5頁。按，本文作者疑引文中「熹」爲「喜」字之誤排。

解釋也比較符合人的情理。

《唐風・蟋蟀》篇《序》以為，本篇詩旨是勸人君及時行樂，或許就是因為不知道此處的「不樂」當讀為「丕樂」而產生的誤解。戰國時期的《耆夜》簡的出現，正好可以糾正漢代學者在這個問題上的誤讀。

四、《詩經》中其他幾處「不樂」的讀法問題

在今本《詩經》中，「不樂」一詞共出現七次，除了在《唐風・蟋蟀》三見外，另外還有《唐風・揚之水》中一見，《秦風・車鄰》二見，《小雅・隰桑》一見。下面逐首詩來對「不樂」一詞的讀法問題進行考察。

（一）《唐風・揚之水》中的「不樂」

《唐風・揚之水》曰：

揚之水，白石鑿鑿。素衣朱襮，從子于沃。既見君子，云何不樂？

揚之水，白石皓皓。素衣朱繡，從子于鵠。既見君子，云何其憂？

揚之水，白石粼粼。我聞有命，不敢以告人。

本詩首章的「既見君子，云何不樂」，《毛傳》、《鄭箋》無釋，《孔疏》對此句的解釋是：「國人惟欲歸於沃，唯恐不見桓叔，皆云我既得見此君子桓叔，則云何乎而得不樂，言其實樂也。」〔註17〕這一句也可以與《鄭風・風雨》中的「既見君子，云胡不夷」「既見君子，云胡不瘳」「既見君子，云胡不喜」對照，都是表現的一種高興、快樂的心情。本詩二章「云何其憂」，《毛傳》：「言無憂也。」義正與一章「云何不樂」相應。

「既見君子」一句在《詩經》中九首詩中 22 次出現，《詩經》中「未見……既見……」句式也多次出現。一般以為，「未見」時，抒情主人公的心情都是憂傷、鬱結的，而「既見」後的心情都是高興、舒暢的，《小雅・頍弁》中「未見君子，憂心奕奕；既見君子，庶幾說懌」是一個典型表述。

「云何」連用，大致相當於今語的「為什麼」或「怎麼」，不過其具體所表示的語氣及用法仍需要考察。它與「誰謂」相類，並不只是表示反問語氣的。拙文《〈詩〉詞續志》嘗舉例論證「誰謂」一詞的含義曰：

〔註17〕（漢）毛亨注，（漢）鄭玄箋，（唐）孔穎達疏，（唐）陸德明音釋，朱傑人、李慧玲點校：《毛詩注疏》，第 544 頁。

「誰謂」一詞後面所接之事，或並非事實，至少是作者主觀上認爲並非事實，用以表反問語氣，猶今語之「誰説」；或本爲一客觀事實，或者説，至少説話人主觀上認同此一事實客觀存在，而用以表示事本如此，可是現實種種，卻使説話人主觀上又覺其並非如此。〔註18〕

在文獻中，「云何」一詞表反問語氣的毋庸贅舉，不過，也有不表反問語氣的，比如：

有扈牧豎，云何而逢？（《楚辭・天問》）

太子辛苦，在於汝國。云何默住，不來表示？（勒那跋彌王《下梨師跋陀國王敕令》）

汝是智慧之人，去亦當忍，來亦當忍。云何恚不還？須汝飲食耳。（葉波國濕波王《與太子須大拏書》）

路阻莫贈問，云何慰離析？（謝靈運《南樓中望所遲客》）

先公勳業如是，君作《東征賦》，云何相忽略？（劉義慶《世説新語・文學》）

這其實就提示我們，「云何不樂」與「云何其憂」表示的意義相同，但「不樂」未必一定要與「其憂」同義。這同時又提示我們，無論本詩中的「不樂」作如字讀，還是讀爲「丕樂」，「云何不樂」都可以表示樂的意思。也就是説，本詩中的「不樂」作如字讀，或讀爲「丕樂」，都是可以的。

（二）《秦風・車鄰》中的「不樂」

《秦風・車鄰》詩曰：

有車鄰鄰，有馬白顛。未見君子，寺人之令。

阪有漆，隰有栗。既見君子，並坐鼓瑟。今者不樂，逝者其耋。

阪有桑，隰有楊。既見君子，並坐鼓簧。今者不樂，逝者其亡。

這首詩中二章、三章皆有「不樂」。陳奐《詩毛氏傳疏》：「逝，讀如『日月逝矣』之逝，往也。『今者不樂，逝者其耋』，言今者不樂禮樂，往者其老矣。」〔註19〕此説以「今者不樂」指「不樂禮樂」，也是增字解經，不足爲訓。但

〔註18〕 陳才：《〈詩〉詞續志》，《傳統中國研究集刊》第11輯，上海：上海人民出版社，2013年，第28頁。〔附註：該引文亦收入本書，第22頁。〕

〔註19〕 （清）陳奐：《詩毛氏傳疏》第三冊，上海：商務印書館，1930年，第28頁。

其解「逝」字，可從。俞樾《群經平議》曰：「逝者對今者言，今者謂此日，逝者謂他日也。逝，往也，謂過此以往也。」〔註20〕此說可作為陳奐說的引申。

之前，歷代《詩經》學者一般參照《唐風・蟋蟀》的「今我不樂」，對《秦風・車鄰》「今者不樂」進行解釋，以為本句指假如現在不快樂或不及時行樂，他日就老之將至。這也和前文分析的《唐風・蟋蟀》中的錯誤一樣：一是沒有訓詁學上的依據，不快樂與上文「既見君子，並坐鼓瑟」「並坐鼓簧」文義不協，「不樂」也不能訓為不及時行樂；二是「不樂」與「逝者其耋」「逝者其亡」並不能構成假設關係。

如果我們將此處的「不樂」改讀為「丕樂」，從文義上講，較舊說要順暢合理，至少不顯得那麼突兀。

（三）《小雅・隰桑》中的「不樂」

《小雅・隰桑》詩曰：

> 隰桑有阿，其葉有難。既見君子，其樂如何！
> 隰桑有阿，其葉有沃。既見君子，云何不樂？
> 隰桑有阿，其葉有幽。既見君子，德音孔膠。
> 心乎愛矣，遐不謂矣。中心藏之，何日忘之？

本詩首章「其樂如何」，乃用感歎語氣以極言其樂之至。《鄭箋》釋此句曰：「思在野之君子，而得見其在位，喜樂無度。」〔註21〕是也。三章「德音孔膠」，《毛傳》：「膠，固也。」不確。馬瑞辰《毛詩傳箋通釋》曰：「膠當為儦之省借。《方言》：『儦，盛也。陳、宋之閒曰儦。』《廣雅》：『儦，盛也。』孔膠猶云甚盛耳。」〔註22〕

《詩經》中的重章，要麼是並列關係，要麼是層遞關係。這首詩首章言其樂之至，三章言德音甚盛，則以二章「不樂」的「不」作如字讀，未若以其讀為「丕」。二章言「大樂」，才能與前後兩章成並列關係。也就是說，這一首詩中的「不樂」雖作如字讀，也未嘗不可，但改讀為「丕樂」則更洽。

〔註20〕 （清）俞樾：《群經平議》，《續修四庫全書》第 178 冊，上海：上海古籍出版社，2002 年，第 140 頁。
〔註21〕 （漢）毛亨注，（漢）鄭玄箋，（唐）孔穎達疏，（唐）陸德明音釋，朱傑人、李慧玲點校：《毛詩注疏》，第 1323 頁。
〔註22〕 （清）馬瑞辰著，陳金生點校：《毛詩傳箋通釋》，北京：中華書局，1987 年，第 779 頁。

五、餘　論

　　據清華簡《蟋蟀》詩中上下文義和《耆夜》簡文描述的背景條件，其中的「不喜不樂」一詞當讀爲「丕喜丕樂」，指大喜大樂。進而，我們再對今本《詩經》中《唐風・蟋蟀》等詩中共出現 7 次的「不樂」一詞進行考察，可以發現其中 4 處「不樂」當讀爲「丕樂」，2 處「不樂」讀爲「丕樂」較其作如字讀更合理，1 處「不樂」既可讀爲「丕樂」，也可作如字讀。這幾處「不樂」的改讀，是在僅有傳世文獻的條件下不可以想像的，所以歷代《詩經》學者對此都有誤讀。

　　眾所周知，清華簡是購自香港文物市場的，沒有明確出土地點。既然來歷不明，這就使得清華簡的眞僞問題很有考察的必要。就《耆夜》篇的來說，其與《尹至》《金縢》書寫風格相同，當是出自同一書手，因此這三篇的辨僞工作可以一併進行。筆者在《清華簡〈耆夜〉拾遺》中指出，對《耆夜》篇的辨僞工作，必須要注意三個問題：一是不能將《耆夜》所建構意義世界與現實世界混同，認爲凡與傳世文獻中的歷史記載不同，就認爲是假簡，與其相同的就是眞簡；二是不能對我們既有研究結論和對自己的知識經驗過分相信，特別是先秦時期的相關認識；三是不能將存在於文獻中的語言與實際語言對等起來看，認爲先秦文獻，特別是存世先秦文獻中不存在的語言，當時的現實語言中也一定不存在。〔註23〕

　　一般而言，從語言的表層結構入手作僞相對容易，而深層結構上則很難作僞，因之，文獻的作僞，必須要在文字、詞語、詞語組合、句子上都有具體的參照對象，而不能對其作出隨意更改，否則，難免會產生一些低級錯誤，從而容易被發現。今本《尙書・金縢》收篇言「秋，大熟，未獲」，而成王得知事件眞相後，迎回周公，「歲則大熟」，前文已言「大熟」，後隨事件發展，再言「大熟」，顯然不當。而清華簡《金縢》篇末尾則是「歲大有年，秋則大獲」，這從行文上看，顯然更合理。清華簡《金縢》篇可以糾正今本《尙書・金縢》中行文之誤，這可以作爲清華簡《金縢》篇並非僞簡的重要證據之一。

　　而根據本文的相關考察，歷代《詩經》學者都對《詩經》中「不樂」一詞作如字讀，而從來沒有學者提出異議，清華簡《耆夜》篇中的「不樂」讀爲「丕樂」，反而可以糾正傳世文獻中的誤讀，這其實也可以作爲支持《耆夜》

〔註23〕陳才：《清華簡〈耆夜〉拾遺》，《歷史文獻研究》第 35 輯，上海：華東師範大學出版社，2015 年。〔附註：該文亦收入本書，第 155～165 頁。〕

篇並非偽簡的證據之一。因爲，我們很難想像，作偽者的學術水平可以高於二千多年來歷代《詩經》學者。也就是說，今後若有學者要對清華簡《尹至》《金滕》《耆夜》三篇進行辨偽，除了要考慮以上三點外，恐怕還需要對清華簡《耆夜》篇中「不樂」一詞的出現，可以糾正歷代《詩經》學者對今本《詩經》中「不樂」一詞的誤讀這一現象納入考察範圍，並作出相關回應，給出合理解釋。

（本文原刊於《國學季刊》，2016 年第 2 輯，山東人民出版社）

四、書評篇

《詩》中沉潛勤「述學」 巨椽寫就好文章
——讀郭全芝教授《清代〈詩經〉新疏研究》

　　清代學術特別發達，而清學又「以經學爲中堅」〔註1〕。經學經過漢學、宋學的積澱，在清代取得了巨大的成就，這無疑是清儒留給我們的寶貴財富。其實，從某種意義上來看，漢唐經學和宋明經學，更多關注的是「術」不是「學」，其旨歸也是「術」而不是「學」，其中的「學」的成分也只是在爲「術」服務——通經的目的是爲了致用。〔註2〕只有清代的經學才可以說是眞正意義上的「經學」：他們的經學研究雖然是在前人研究的基礎上，取其長，補其短，正其謬，但是他們的學術路向較前人有所轉變，他們更注重的是「學」——即梁啓超先生《學與術》一文所說的「觀察事物而發明眞理者」。特別是被稱之爲「小學」的文字音韻訓詁之學，本是經學的附庸，但清儒在其研究上取得了很大的成就，《說文》學、古音學在乾嘉後一直都是顯學。清儒又將這些小學研究的成就反饋到經學研究中，從而極大地促進了經學的研究。從阮元編《清經解》和王先謙編《清經解續編》中，我們可覷清人經學研究著作數量多、質量高、成就大。僅就《詩經》學而言，兩部書就收錄了 36 種，若算

〔註1〕 梁啓超著，夏曉虹點校：《清代學術概論》，北京：中國人民大學出版社，2004年，第 175 頁。

〔註2〕 朱維錚先生《中國經學與中國文化》一文注意到，《史記》中有「文學」、「儒術」，而沒有「經學」一詞；《漢書》「經學」、「經術」二詞並存。並認爲，「自西漢以後」，經學「開始便重術輕學」。見氏著《中國經學史十講》，上海：復旦大學出版社，2002 年，第 10～12 頁。另外，我對「學」、「術」兩個概念的區分，也得益於梁啓超先生《學與術》一文，見氏著《清代學術概論》附，北京：中國人民大學出版社，第 271～273 頁。

上各類史志、目錄中著錄，包括一些已亡佚了的，總數應該會在七百部以上。

清代《詩經》學研究，一直是《詩經》學研究的重鎮。翻一翻《詩經》注釋翻譯系列的圖書即可知道，它們採用了清人的很多成果。這是對清儒訓釋成果的認同。對清代《詩經》學史的研究，也一直在進行。梁啓超《中國近三百年學術史》等學術史著作、皮錫瑞《經學歷史》等經學史著作、夏傳才《詩經研究史》等《詩經》學史著作都有相關章節論述清代《詩經》學成就。近年來也有一些學者如寧宇、何海燕和陳國安等，撰寫了相關專題論文，從不同角度作論析清代《詩經》學的發展和成就。又有何海燕博士、陳國安博士則有同名博士論文《清代詩經學研究》。以上這些著作在對清代《詩經》學研究上取得了很大成就，但是也存在一些小的問題。比如，有些學者受梁啓超的學術史著作中清學分期觀點的影響，認爲清代《詩經》學經歷了一個由關注宋學到關注古文經學再到關注今文經學的演進歷程，那麼關注宋學的《詩經》學者便屬於「宋學派」，關注古文經學的《詩經》學者便屬於「古文經學派」，關注今文經學的《詩經》學者便屬於「今文經學派」。比如，陳壽祺父子著《三家詩遺說考》，當屬今文學派。其實是有偏頗的。田漢雲先生《中國近代經學史》已經指出〔註3〕，不贅論。

以前的這種學派劃分法，或有撰作者出於敘述方便的考慮，而並沒有考慮到分類的邏輯性；但它表現出了無法彌合的局限性，值得我們再反思：這種分派，只是從表面來考察諸學派之異，沒有從實質上來考慮，更沒有考慮到諸家之同。其實，如果我們將馮登府《三家詩遺說》、陳壽祺父子《三家詩遺說考》、王先謙《詩三家義集疏》與胡承珙《毛詩後箋》、馬瑞辰《毛詩傳箋通釋》、陳奐《詩毛氏傳疏》比較起來，他們雖然立論有不同的地方，個人關注點也有不同，但是所用的基本方法還是一樣的，都是運用了考據學的手段來治《詩》；其最終目的也是一樣，都是爲了尋求確詁，通達義理。〔註4〕胡承珙因姚鼐讀其《毛詩後箋》的相關篇章，讚賞其爲「眞讀書人」，故致信姚鼐，作《寄姚姬傳先生書》，坦陳自己治《詩》理念：

> 竊謂說經之法，義理非訓詁則不明，訓詁非義理則不當。故義

〔註3〕 田漢云：《中國近代經學史》，西安：三秦出版社，1996年，第286頁。
〔註4〕 我對「義理」一詞的理解，取臺灣學者張壽安先生的定義：切於人倫日用即爲義理。張先生正在研究的課題即是關於乾嘉「新義理學」的，她採用的正是這個定義。從張先生定義「義理」的角度來分析，即使是馬瑞辰、陳奐也是關注到了義理層面的。

　　理必求其是，訓詁必求其古。義理之是者，無古今一也，如其不安，

　　則雖古訓猶宜擇焉。〔註5〕

他在《四書管窺序》也再次申明了這個理念，這時已經擴大到全經了：

　　　治經之法，義理非訓詁則不明，訓詁非義理則不當，二者實相

　　資，而不可偏廢。自有謂漢學詳於訓詁，宋學晰於義理者，遂若判

　　爲兩塗。而於是講訓詁者拘於墟談，談義理者奮其肊。沿流而失源，

　　騖末而忘本，黨同伐異，入主出奴，護前爭勝之習興，幾至以門戶

　　禍經術，而橫流不知其紀極。吾則謂治經無訓詁、義理之分，惟求

　　其是者而已；爲學亦無漢、宋之分，惟取其是多者而已。〔註6〕

前人多將胡承珙歸入「毛詩派」的做法，顯然是不夠合適的。也有些學者已
經注意到馬瑞辰《毛詩傳箋通釋》和陳奐《詩毛氏傳疏》有採用到朱熹《詩
集傳》等宋儒《詩經》學成果的地方〔註7〕，這也說明以前的學派劃分，還有
於事實未安之處。

　　其實，宋儒反對漢唐諸儒，其本初動因爲了「回向三代」〔註8〕，因爲漢
儒對「五經」的解釋已經不能體會「聖賢本意」〔註9〕，而是有所誤解的。只
有「回向三代」，才能得「聖賢本意」。《朱子語類》記錄朱熹之語：

　　　只看《論語》一書，何嘗有懸空說底話？只爲漢儒一向尋求訓

　　詁，更不看聖賢意思，所以二程先生不得不發明道理，開示學者，

　　使激昂向上，求聖人用心處，故放得稍高。〔註10〕

可證我以上的那個說法並非虛言。朱熹承認只有二程才是能繼承孔孟道統的
人，而他則是對二程的繼承。但是，他在學術上並不是唯二程是從。在《詩》
學觀上即是明證。二程《詩》學是尊毛鄭的，而朱熹則不然。《朱子語類》中
的這段話可以解釋這個現象：

〔註5〕　（清）胡承珙：《求是堂文集》，《續修四庫全書》第1500冊，上海：上海古籍出
　　　　版社，2002年，第235b頁。
〔註6〕　（清）胡承珙：《求是堂文集》，《續修四庫全書》第1500冊，第273b頁。
〔註7〕　比如檀作文：《朱熹詩經學研究》，北京：學苑出版社，2003年，第263～264
　　　　頁；郭全芝：《清代〈詩經〉新疏研究》，合肥：安徽大學出版社，2010年，
　　　　第143～171頁。
〔註8〕　余英時：《朱熹的歷史世界》，北京：生活‧讀書‧新知三聯書店，2004年，
　　　　第460頁。
〔註9〕　（宋）朱熹語，見（宋）黎靖德編，王星賢點校：《朱子語類》，北京：中華
　　　　書局，1986年，第1512頁。
〔註10〕　（宋）黎清德編，王星賢點校：《朱子語類》，第2748頁。

　　　　大抵前聖說話，雖後面便生一個聖人，有未必盡曉他說者。

　　……且如伊川解經，是據他一時所見道理恁地說，未必便是聖經

　　本旨。要之，他那個說，卻亦是好說。〔註11〕

因爲程明道、程伊川的解經並不一定是能得經之「本旨」的，所以雖是「好說」，朱熹也必有所糾正。那麼，乾嘉道時期的《詩經》學家糾正清初諸儒的關注宋學，而去關注東漢古文經學；嘉道以降的《詩經》學家再回歸到關注西漢今文經學，而對所謂的「古文經學派」有所糾正，也正是出於當初宋儒反對漢學的同樣目的。這也是他們的經解中總是不惜筆墨去羅列大量材料去論證每一個字每一個詞的意思的原因，他們正是想通過這種方式以期探明經典原意。雖然「過度詮釋」和「詮釋不足」是《詩經》解讀過程中無法避免的必然現象，但是，他們經過不懈努力，力爭使「誤解」降低到最小限度。前賢已經注意到清學重考據，其實部分亦承自宋儒。從我以上的分析中，我們還可以看出清學對宋學在學理上有所紹承，而不是一味反對。林慶彰先生認爲中國經學史「發生過好幾次」「回歸原典的現象」，「並不止明末清初這個階段才有，唐中葉至宋初、清末民初都發生過，可說是經學史上時常發生的事。」〔註12〕林先生所說的「回歸原典」與我所謂的「追尋聖賢本意」是一個意思。只不過他認爲這種現象是一種「每隔數百年就會有一次」的「運動」，〔註13〕而我認爲這是一種常態：每一個解經者，其實都是在「追尋聖賢本意」。朱維錚先生的《中國經學與中國文化》一文否認了中國經學有一以貫之的傳統，作者認爲：

　　　　可是，從另一角度來看，這個事實──各時代有各時代的假孔

　　子，並且都用各自的主觀的假孔子否定那位客觀的真孔子──的存

　　在，便否定了一種說法，即中國經學存在著一以貫之的傳統。〔註14〕

如果我們再換另一個角度去考慮，各個時代的經師儒生，雖然都是以「假孔子」的身份出現，但，這不正是證明了他們都是在試圖去追尋孔子的足跡，探求聖賢的本意嗎？只是他們沒有也不可能追尋到而已。從這個角度來看，漢學、宋學、清學是一脈相承的。

　　回到剛才的話題，爲什麼如梁啓超、皮錫瑞等大家在相關著作中會出現

〔註11〕　（宋）黎靖德編，王星賢點校：《朱子語類》，第 2625 頁。

〔註12〕　林慶彰：《中國經學史上的回歸原典運動》，《中國文化》第 30 期，第 1 頁。

〔註13〕　林慶彰：《中國經學史上的回歸原典運動》，第 8 頁。

〔註14〕　朱維錚：《中國經學與中國文化》，《中國經學史十講》，第 13 頁。

這樣的缺陷呢？我覺得，其中一個最重要的原因，就是相關書籍的研讀還不到位。學術史撰寫，是要建立在每一部書都有了詳細研究、達到了科學認識的基礎上的。這就是是胡適所謂的「述學」〔註15〕工夫。當然，學術史的撰寫者不可能把每一本書都認認眞眞地研讀一番，我們不能苛責。這還得學界的共同努力，需要一部分學者從專書、專家入手，先形成一個相對科學的認識，然後在此基礎上集腋成裘，綜合融匯。郭全芝先生的大著《清代〈詩經〉新疏研究》正是這樣的一部從專家（專書）入手的著作，主要對皖派樸學家戴震、胡承珙、馬瑞辰、陳奐〔註16〕四家《詩經》學做了深入而獨到的分析；另再附有其他幾篇專論，其中也有對歐陽修《詩本義》的專論。其中部分篇目曾以單篇論文的形式發表，在學界有廣泛影響。

該書第一章爲概論，以所謂的「毛詩三大家」爲切入點，分兩節。第一節爲清代《詩經》新疏述略，概述三家新疏的情況，點明其撰著原因、內容旨歸以及學術成就。第二節爲清代樸學家的《詩》疏困境，通過對三家試圖調和《詩經》文本和《詩序》直接的差異，結合清儒治學的矛盾性，揭示出清儒自構困境的原因。

第二章是針對皖派的開山祖師戴震的《詩經》學的專門研究。戴震遍注群書，所以作者並沒有把眼光僅僅局限在戴震的《詩經》學上，而是先從戴氏注解群書入手總結出其訓釋特色，再在此基礎上探析戴氏對《詩經》及其主旨的解讀。

第三章是針對所謂「毛詩三大家」的研究。既有對胡承珙《毛詩後箋》和馬瑞辰《毛詩傳箋通釋》的專論，也有對陳奐和胡承珙之間的比較研究，還有將陳奐《詩毛氏傳疏》與朱熹《詩集傳》以及《詩經》宋學之間的研究。

附錄部分收錄八篇專題論文，包括《〈詩〉作爲喻體》、《〈毛詩後箋〉整理略說》、《〈詩〉、〈騷〉句法傳承》、《漢四家著錄〈詩經〉異字淺說》、《〈說文〉引〈詩〉考論》、《也談〈詩經・卷耳〉諸「我」》、《歐陽修〈詩本義〉的經學立場》和《傳統〈詩〉學與當代日本學者的〈詩經〉研究》。

〔註15〕胡適：《中國哲學史大綱》，上海：上海古籍出版社，1997年，第7頁。
〔註16〕簡澤峰先生碩士學位論文《胡承珙〈毛詩後箋〉析論》（臺灣暨南國際大學，2001年）提出胡承珙屬吳派，黃忠慎先生《清代中葉毛詩學三大家解經之歧異——以對〈詩序〉、〈毛傳〉、〈鄭箋〉的依違爲考察基點》（臺灣《國文學誌》，2002年第6期）提出胡承珙、陳奐屬皖派，二人立論皆有根據。但是，本文仍從傳統看法，因胡、馬爲皖人，陳奐爲戴震再傳弟子，姑且認爲三人均屬皖派。關於吳派和皖派學術異同不作考慮。

郭先生治《詩》有年，尤其是對清代《詩經》學用力尤深，曾經校點胡承珙《毛詩後箋》這部皇皇巨著，可見其學養之厚之深。她的這部大著不乏睿見卓識，也正是其學養深厚、見解深刻之證。總的來說，本書值得稱道處有以下幾點：

一、專家專經的深入研究，可以推動《詩經》學向縱深發展。正如前文所提及的，郭先生大著中最值得關注的就是對皖派四家——戴震、胡承珙、馬瑞辰、陳奐已經宋代歐陽修五家的《詩經》學專著的個案研究。這些個案研究立論有根有據，見解平實可信，對於《詩經》學史的改寫有參考價值。

作者花了較多篇幅來研究戴震的《詩經》學。吾皖學術在有清一代獨樹一幟，戴震有開山之功，對於他的研究，自是必不可少。作者知人論世，在對戴震生平及學術有深入充分瞭解的基礎上，通過文本分析，揭示了戴震《詩經》研究的重要個性特徵：一是戴震解《詩》將字義與經義相結合。而這正是戴震自己論其學術路向為「由字以通其詞，由詞以通其道」〔註17〕，「由文字以通乎語言，由語言以通乎古聖賢之志」〔註18〕的具體體現。二是戴震不盲從漢宋，而是以孔子的「思無邪」為依據來解《詩》。我以為這正是出於儒者對自己的身份認同所作出的必然選擇。宋儒治《詩》者，無論傳統認為的存《序》派和廢《序》派，都是出於這個身份認同，才努力試圖去「回向三代」、追尋「聖賢本意」。三是大膽懷疑批判，又盡可能吸取前人合理因素。戴震作為一代宗師，他無疑是能做到這一點的。作者還對戴震的學術精神作出評價：「兼有漢學的努力務實與宋學的大膽懷疑，同時又剔除了前者的膠柱固執與後者的說無根柢。」〔註19〕洵為的論。

作者作為胡承珙《毛詩後箋》的點校者，對《毛詩後箋》用功尤甚。早在1994年，作者就發表相關論文，這是學界對胡承珙這位被遺忘已久的大儒的研究之始。該書所收關於胡承珙《毛詩後箋》的研究結論，為學界廣泛接受，相關研究論文論著也都徵引其觀點，這一點即可看出其學術價值之高，毋庸本文贅論。

作者對馬瑞辰《毛詩傳箋通釋》的語言學研究傾向的揭示，有助於總結清代《詩經》學訓詁方法和理論，從而點明其成就，並為今人《詩經》注譯

〔註17〕（清）戴震：《戴震全書》第6冊，合肥：黃山書社，1995年，第370頁。
〔註18〕（清）戴震：《戴震全書》第6冊，第376頁。
〔註19〕郭全芝：《清代〈詩經〉新疏研究》，第81頁。

工作提供有效借鑒。

學界關於陳奐《詩經》學的專題研究已有不少，而作者另闢蹊徑，將陳奐《詩毛氏傳疏》與胡承珙《毛詩後箋》、朱熹《詩集傳》和宋人《詩》學分別加以對比研究。通過郭先生的研究，我們可以知道，學界以往認爲陳奐單遵毛傳，治學偏狹的觀點，是有失偏頗的。

郭先生以清代《詩經》學爲主攻方向，也涉及宋代《詩經》學，比如對歐陽修《詩本義》的專題研究。作者通過自己的研究，證明歐陽修《詩本義》將《詩經》定性爲儒家經典，是據《詩序》解《詩》，「目的不在於探討其文學性，不是要自立新說，也不曾停留在對詩人創作之意的探求上，而是要借這種創作之意的探討來尋求眞正的聖人之志」〔註 20〕，所以學界以往「對歐說過分拔高」〔註 21〕。

二、論題涉及面廣泛。郭先生大著中既有對《詩經》文本的文學性的論析，也有文字訓詁之學的局部探研，還有學術史的總體觀覽，這充分反應了作者的深厚學養。

《詩經》雖然一直被視作經典〔註 22〕，但它必然以文學文本的形態呈現，其文學性是不容忽視的。歷代經學家對此也有關注，但是總的來說，還是不夠的，他們都是在《詩經》是「經」的前提下來研究的。郭先生從先秦時期詩和散文的兩類不同解讀的事實入手，證明了「春秋時期詩與文的分野」〔註 23〕。郭先生又認爲：「在句法上，《楚辭》對《詩經》的繼承，其表現是多方面的。」〔註 24〕這些見解都是在脫離了經學眼光的角度下得出的眞知灼見，可成一家之言。郭先生對四家詩異字以及《說文》引《詩》的分析，足見其深厚的文字學功底；對戴震、胡承珙、馬瑞辰、陳奐四家訓詁特色的分析，特別是對馬瑞辰《毛詩傳箋通釋》中語言學研究傾向的揭示，又可見其深厚的訓詁學功底。治《詩》者能精於此道，必有創獲。作者學有根柢，可作爲我們後生小子治學之楷範。再有，作者對專家專經的分析不是僅僅局限於分析其優缺點，更重要的是能站在學術史的高度，從宏觀視角來考察。比

〔註 20〕　郭全芝：《清代〈詩經〉新疏研究》，第 237 頁。
〔註 21〕　郭全芝：《清代〈詩經〉新疏研究》，第 235 頁。
〔註 22〕　關於《詩經》在先秦時期不是「經」卻被視作經典的事實，可參閱董治安：《兩漢文獻與兩漢文學》，上海：上海古籍出版社，2005 年，第 37～38 頁。
〔註 23〕　郭全芝：《清代〈詩經〉新疏研究》，第 191 頁。
〔註 24〕　郭全芝：《清代〈詩經〉新疏研究》，第 205 頁。

如對戴震《詩經》研究在《詩經》闡釋史上的特殊意義的辨析，又如對所謂
「毛詩三大家」治學的局限性及其原因的考察，均是從將其放在清代學術史
發展的脈絡中予以分析的。作者將陳奐《詩毛氏傳疏》和朱熹《詩集傳》作
對比研究，也是出於學術史的考慮。而作者將陳奐《詩毛氏傳疏》與宋人《詩》
說作對比研究的時候，提及這樣一個觀點：

> 所以漢宋之爭可能更多地體現於對待古人的態度，而非經義
> 的理解。……兩者都有追求眞理的精神，都希望探究出經典原意。
> 〔註25〕

這與作者在歐陽修《詩本義》的研究中，得出歐陽修治《詩》目的是「達聖
人之旨」是一以貫之的。前文提及的戴震的經學研究是希望「通乎聖賢之
志」，這一點也被郭先生的研究所注意，所以郭先生在這裡下的這個結論必
定也考慮到這一點的前提。而這個結論和我前文所言及的漢學、宋學、清學
是一脈相承的觀點正相合，雖然我們採用的論據並不相同。郭先生這裡所說
的漢學，是包含我所說的漢學與清學的。郭先生用了統稱，我是兼顧朝代而
分開來稱呼的，二者並不矛盾。而且這兩種提法，是學界都接受的。

　　三、積極關注海外《詩經》學研究動態。郭先生曾赴東洋訪學，對日本
《詩經》學界的學術研究情況有相當瞭解。她的大著中兩篇文章與日本《詩
經》學有關。她將《詩毛氏傳疏》與宋人《詩》說作對比研究，副標題就是
「從種村和史先生的有關論文談起」。另一篇是對戴震《詩經》學與日本當代
學人家井眞先生《〈詩經〉原意研究》的對比。家井先生的這篇博士論文，已
經由陸越翻譯，鳳凰出版社於 2011 年年初出版。我拜讀後，深深佩服，書中
出色地運用了古文字材料和文化人類學的方法來論證。當然，對於家井先生
對《詩經》中一些詞語的觀點我不能完全接受，比如我認同他將「夙夜」的
訓釋，而他對「王事靡鹽」的解讀，我則不能認同，而是傾向於認同姜昆武
先生《詩書成詞考釋》中的觀點，認爲相當於「王事多艱」。對於家井先生書
中將《小雅》，以及《國風》的部分篇章也認爲與巫術、神靈、祭祀之類相關，
我也不敢苟同。周人禮樂文化不斷繁榮，西周晚期這種巫術的存在肯定不會
與西周初年相同。當然，這非本文所關注的對象，缺而不論可也。

　　四、關注解《詩》者的經學立場。「五四」以來，經學廢除，眾家多以
文學角度來說《詩》。但是，近年來學界漸漸認識到，光以文學的角度來說

〔註25〕郭全芝：《清代〈詩經〉新疏研究》，第 167 頁。

《詩》，總是會嫌其單薄。我們不能忽略《詩經》作爲一部兩千餘年的「經典」的事實存在。正如郭先生大著中論及前賢論歐陽修關注《詩經》的文學特色有矯枉過正之嫌一樣，時至今日，我們是否應該反思：我們以往對《詩經》作爲經學著作的批判是否有矯枉過正之嫌？今天已經有不少學者，如王承略先生、趙敏俐先生、黃忠愼先生等，認爲《詩經》不僅僅一部文學作品總集，也是一部「經典」。但還鮮有學者研究舊注中的經學立場。郭先生大著中對胡承珙、歐陽修的經學家立場有所關注，揭示其積極意義，顯明其不足之處；這顯然具有拓荒的意義。當然，這部分的研究的理論性還有待加強：經學作爲維持中國運行了兩千年的哲學基礎和思想武器，我們不能僅僅簡單地去「肯定優點，批評缺點」。雖然我們今天不能再以經學的目光來看待《詩經》了，但是在《詩經》學領域，我們是否可以持一種經學研究的態度，把作爲「經」的《詩經》作爲我們的研究對象呢？我前文已經提及，儒生有「身份認同」，那麼把《詩經》等作爲「經」，正是這個「身份認同」存在的基礎。他們認爲《詩經》是一部經學作品，我們的研究能對這一點視而不見嗎？所以我以爲，從經學研究的角度來研究《詩經》以及其他經典，是必要的，也是我們的研究領域正缺少的。

　　該書可稱道處尚不止此。書中的結論可靠，達到了胡適先生所說的「述學」的目的，爲治《詩經》學史、經學史，乃至整個學術史與思想史提供了重要的參考資料。當然，郭先生大著中也有一些不足之處，比如郭先生認爲朱鶴齡《毛詩通義》主毛，過於籠統，並不能全面反映出《毛詩通義》及朱鶴齡的學術主張。大著中尚未涉及對胡承珙與馬瑞辰的對比研究，對胡承珙、馬瑞辰與陳奐三人的對比研究。大著對清代四家，特別是戴震的治《詩》成果之不足處亦宜作適當辨析。我們期待郭先生在她的新的研究成果中涉及這些方面，這必將嘉惠學林。

（本文原刊於《安徽文獻研究集刊》第五卷，黃山書社，2013 年）

別樣的精彩
——讀黃忠愼教授《清代詩經學論稿》

　　若就其歧異言，詩經漢學更側重於關懷政治層面，而詩經宋學更側重於關懷人心的層面；倘若就其相同而言，詩經漢學和詩經宋學都是立足於干政，爲現實政治服務。而詩經清學則與詩經漢學、宋學相異，更側重於其學理意義的探究。也就是說，詩經漢學和詩經宋學傾向於「治統」，而詩經清學則更傾向於「學統」。詩經學經過漢學和宋學兩個階段的發展和闡釋，給清人留下的闡釋空間有限，而清儒則在詩經學研究上獨闢蹊徑，合漢、宋之長，避漢、宋之短，從而取得了巨大成就，將詩經學研究推向新的高度。這其中的原因很複雜，治學術史特別是清代學術史的學者們已有不少論述，其中尤以陳祖武先生爲著。〔註1〕當然，史學界對於這個問題的深入探討，即使如余英時先生的著名的「內在理路說」，〔註2〕也仍然沒有言明學術自身積澱的作用：清代經學的發達，關鍵在於「由文字、音韻、訓詁以通經明道」的學術路向的確立，而實際上，這個治學路徑的提出，並非清儒所強加給的顧炎武，我們至少可以追溯到南宋的朱熹；所以說，清學對「明道」的重視，自然是對宋學的繼承與發展。〔註3〕而清儒對文字、聲韻、訓詁，即語文學

〔註1〕陳祖武先生關於這方面的探討，可參閱他爲林存陽《三禮館：清代學術與政治互動的鏈環》（北京：社科文獻出版社，2008年。）一書所作的序言。該序言中，陳先生對清代學術史的轉向及其研究作了較爲全面的回顧。

〔註2〕在學術的發展、演進過程中，是否有一個「內在理路」存在，亦是值得思考與探討的。

〔註3〕關於清學與宋學的關係，梁啓超《清代學術概論》和《中國近三百年學術史》認爲，清學是對宋學的反動；而錢穆《中國近三百年學術史》和張舜徽《廣

的重視，則是吸取漢學之長了〔註4〕。我們進而從學術自身發展角度來看，清人能以語文學爲基礎治學，則不能不說是依賴於說文學的發展；說文學的發展，則是依賴於宋元明時期六書學的發展；而六書學的發展又是建立在宋代古文字學和古音學、今音學、等韻學的發展的基礎上的。

詩經清學之發達，爲詩經學史添上了一筆濃墨重彩，使得今人對於清代詩經學始終保持著濃厚的興趣，研究成果非常多；對清代詩經學史的斷代研究也不斷深入，一些高質量的著作不斷出版，而新近由臺北文津出版社出版的《清代〈詩經〉學論稿》，則給我們展示了一種別樣的精彩。

本書八章，涉及清代的詩經學者有王夫之，胡承珙、馬瑞辰、陳奐，姚際恆、崔述、方玉潤，王先謙等八位，正文前還有一篇《關於清代〈詩經〉學史的研究思路》，作爲代序。本書目次如下：

校讎略》，則認爲宋學爲清學的先驅。其實這兩種看法看似相對，實則並不矛盾，只不過雙方各執其一面來談。清學對宋學既有繼承，也有反動：在反動中繼承，在繼承中反動。繼承與反動實際上是一而二，二而一的。

〔註4〕當然，我個人並不認同《四庫總目》所謂的「漢學重訓詁，宋學重義理」的說法，儘管這個說法已經被學術界廣泛接受而鮮有質疑的聲音。少數學者據朱熹重義理亦不偏廢訓詁，而提出宋學既有重義理一派，亦有義理、訓詁兼重一派，可是，若我們把《四庫總目》中的「重」理解爲「偏重」，那麼這種質疑，顯然有未安之處。我傾向於認爲，宋學重義理不假，而漢學則並非如四庫館臣所認爲的那樣「重訓詁」，他們研經的目的不在治學，而在「儒術」——即是干政。即使如《毛詩故訓傳》，「故訓」之解釋字詞亦並非其主要目的，其主要目的還是在於「傳」，也即藉解《詩》以闡發其爲現實政治服務的思想與態度。不過，漢人的訓詁，在客觀上，的確要較後人的訓詁可靠得多，這就造成了「漢人重訓詁」的表象。

我也有幸，本書甫一出版，即承蒙黃忠慎教授之惠賜。三薰三沐，捧書拜讀，深感此書勝見迭出，對前說之批評也切中肯綮；且無論是選題、立論，還是研究方法、研究視角，皆可稱道。總體說來，本書主要有以下特色：

一、從選題的角度來看，本書研究對象具有代表性，研究領域具有開創性，有助於學界更全面更深入地瞭解清代詩經學史

本書所選取的八位詩經學者，是清代詩經學史中的重要人物，向來為詩經學史著作所關注，也是專門研究中的重點關注對象。可以說，對這八位學者的詩經學成就有了深入瞭解，大有裨益於我們對整個清代詩經學成就及其發展演變的概括性體認與瞭解。

此外，本書對這八位詩經學者的研究各有側重，不平均用力，如本書有涉及馬瑞辰的研究就有三章；對王夫之和方玉潤的研究也各有兩章。而本書所涉及的研究領域，或尚未被學界關注，或學界的研究尚待商榷，這充分顯示了黃教授的睿見。比如，本書對王夫之學術地位升降的考索，就頗值得我們注意。王夫之自清末時期從祀孔廟後，逐漸被學界所接受，以致於推崇備至。黃教授首先通過文獻的具體考察，認定王夫之在詩經學領域的學術地位並不具備「典範」的意義；在獲得此一認識的基礎上，黃教授對的王夫之學術地位被「建構」起來的原因作出了合理的探索。黃教授在本書中坦言：「（王夫之）能夠入祀孔廟者，最主要的應該是跟其道德人格有關，學術成績與地位並非主要的關鍵。」〔註5〕這就揭明了王夫之在清末以後被重視的真正原因。其實，我們只要翻一翻歷代從祀孔廟人員的名單，就知道這些人在學問

〔註5〕黃忠慎：《清代〈詩經〉學論稿》，臺北：文津出版社，2011年，第56頁。

上成就是次要的，而首要的因素則是他們關乎「治統」。而學者對王夫之的重視，也是因爲王夫之作爲一個儒生，其家國天下思想在傳承儒家文化中所承擔的積極意義，也就是說，儒生更側重王夫之於「道統」意義。本來，作爲王朝，肯定是要關注學者的「經術」，而非「經學」。黃教授對這一問題的研究，有助於我們對王夫之詩經學及其學術史地位的體認。

二、在研究方法上，本書引入詮釋學、接受美學等西方理論來研究詩經學，使得相關研究能更爲接近問題的實質

　　將西方的理論用之於研究中國古典是否合適？這大概是當今不少學者都在思考或思考過的問題。答案始終未能統一，或認爲可以，或認爲不可以，更有極端者，會認爲這是雞同鴨講。作者在本書代序中也提及：「有時還會發生兩位審查人意見相反的情況，例如一位說論文裏運用某種西方學理來強化論述，值得肯定；另一位則認爲，相關論述可以刪除。」

　　詮釋學理論和接受美學等理論均來自西方，因此，我們習慣於冠之以「西方」二字，稱其爲「西方理論」，但我以爲，這裡的「西方」僅表示這些觀點提出者的身份，而不應該作爲這個觀點本身的「身份」標籤。詮釋學者提出詮釋活動中的一些規律性認識，並在此基礎上將其理論化、系統化，從而形成的一門專門的學問——詮釋學。接受美學理論本是用於文學接受活動；而《詩經》作爲「經」，但也必須以文本形態呈現，詩經學者在闡釋過程中，也必然伴隨著對《詩經》文本的接受。因此，我們運用這些理論來觀照歷代經注，是一種完全可以，而且也非常必要的研究途徑。只不過，這些理論並不是萬能鑰匙，因此，我們需要注意的，只是在研究中把握使用的度。而在詩經學研究領域，這種方法是使用早有先例。著名學者聞一多，就已開始運用源自西方的文化人類學的方法來研究《詩經》；上世紀 70 年代，王靖獻先生借鑒西方的「套語」理論來研究《詩經》，其專著《鐘與鼓——詩經的套語及其創作方式》，便是這方面研究的又一部成功之作。

　　從這本大著中，我們可以看到，黃教授用湯瑪斯‧孔恩的「典範」理論和伽達默爾的「視域融合」理論來觀照王夫之的詩經學學術地位升降；用接受美學的觀點來審視姚際恆、崔述、方玉潤何以自民國以來被詩經學界推崇；等等。這些理論的介入，可以幫助我們更清楚地認清問題的實質，對這些詩經學者的學術地位有一個更深刻、更理性的認識。比如，黃教授在本書第一

章中用詮釋學領域的「探究型詮釋學」和「獨斷型詮釋學」這兩種類型來審視王夫之的詩經學研究，提出：

> 由王夫之《詩經稗疏》、《詩經考異》、〈叶韻辨〉以及《詩廣傳》這些著作來看，我們會發現這裡呈顯兩種不同的研究方法，內容趨向更是大異旨趣。雖不至乖違矛盾，但也沒有互補融合的關係。〔註6〕

> 筆者以爲，由王夫之《詩經稗疏》、《詩經考異》、〈叶韻辨〉以及《詩廣傳》這些著作來看，其間展現的研究方法與進路並非走向調和，而是趨向兩個端點：《詩經稗疏》、《詩經考異》、〈叶韻辨〉所表現的是純然的漢學研究方法，但是《詩廣傳》卻大談宋學派所喜的「義理之新」。由此，筆者可以做出這樣的基本推定：王夫之所採用的研究方式爲「漢宋並治」。……所謂「漢宋並治」，並非調和，而是分別並存；「漢宋並治」也非對立，而是互不相涉。〔註7〕

在本章結語中，黃教授又將王夫之治學的「漢宋並治」稱爲「漢宋分治」，更貼切地表達了他的觀點。而這個觀點，則是對學界一直以來所認爲的，王夫之詩經學是「漢宋兼採」的觀點加以修正。而黃教授的這個新見，正是建立在運用詮釋學理論分析問題的基礎上的。

三、在研究視角上，堅持宏觀與微觀相結合，將詩經學者及其著作置於學術史，特別是詩經學史的角度中來加以考察

如果我們的詩經學研究，不能將學者置於詩經學史，甚至是學術史的宏觀角度中加以考察，難免會出現立論不當或論而不深的現象，使人有隔靴搔癢之感。從前面所錄的本書目次中，我們可以看到，黃教授分別闢以專節，將八位學者的詩經學著述置之於學術史或詩經學史中加以考察。這種將微觀探究置於宏觀的史的角度中加以考察的做法，能使我們更清楚地從宏觀角度把握清代詩經學的發展演變脈絡，也更清楚地將微觀研究深入開來，得出的結論也自然會更加可靠。

比如馬瑞辰《毛詩傳箋通釋》所採用的訓釋方法中，判讀通假字是一個頗值得注意的訓釋方法，而黃教授則認爲這是馬瑞辰最擅長的訓釋方法，而加以研究。在本書第四章，黃教授將馬瑞辰對通假字的判讀進行了認眞的分

〔註6〕黃忠愼：《清代〈詩經〉學論稿》，第44頁。
〔註7〕黃忠愼：《清代〈詩經〉學論稿》，第46頁。

析，認爲馬瑞辰判讀通假字主要是根據聲韻上的聯繫，其中有一小部分是單憑聲韻以明通假，而更多的則是「相當講求證據，盡可能搜羅異文比對，並且結合經籍義訓，會以聲韻貫串判定其假借關係」。〔註8〕馬氏的這種範式，目的就是探語源。而在他那個時代，出土文獻較少，且較多字無法識別，尚不具備藉以完成探明語源的任務。因此，馬氏的這種方法，儘管在理論和實際操作層面均有不足，但它代表了當時代的最高水平則是無疑的。要之，其雖有失，但功不可沒。而黃教授的分析並沒有到此爲止，而是在此基礎上，繼續對清代學術史加以梳理，並將馬氏的這個範式置於其中加以考察，顯明其詩經學史意義，這就使我們更加深刻地認識了這一問題。

四、不拘舊說，由文本立論，得出自己的新見解，糾學界觀點之偏頗

自來一些目錄學著作和詩經學史中，總會對所涉及的每一部詩經學著作給出一個大體上的評判；而特別是《詩經》通史性質的著作中的評價，有些其實就是據之前的目錄書所定，而沒有完全納入現代學術視野下考察，這些結論若在今天細緻分析起來，並不是毫無破綻的。黃教授在本書中，對學界認識上的一些偏頗多有糾正，前文所舉的王夫之即是一例。還如，本書對方玉潤的評價：

> 然而嚴格看待其（引者按，指方玉潤）研經經過與成果，其實並未能脫離宋人疑經的範疇，並非如民初學者所言有極爲醒目的創新獨立意義。經學家要打破經典權威的傳統觀念，恐怕還是要到民國初年疑古思潮迸發之時。〔註9〕

目前，詩經學界對於方玉潤，一般都是認同夏傳才先生的看法，將其與姚際恆、崔述並稱爲「獨立思考派」，而他家則在此基礎上加以推衍，不斷將方氏的詩經學史地位加以誇大。而事實上，方氏的詞語訓詁，是以朱熹《詩集傳》爲基礎，再輔以他家的，也就是說，他的「獨立思考」還是不夠徹底的。而事實上，清儒也不可能徹底。作爲儒生，他們始終是要把《詩經》的經學屬性擺在第一位，拙文曾指出，這是「出於儒者對自己的身份認同所作出的必然選擇」。〔註10〕黃先生以其精到的論述，既對方玉潤《詩經原始》的學術價

〔註8〕黃忠慎：《清代〈詩經〉學論稿》，第122頁。
〔註9〕黃忠慎：《清代〈詩經〉學論稿》，第198頁。
〔註10〕陳才：《〈詩〉中沉潛勤「述學」 巨椽寫就好文章》，《安徽文獻研究集刊》

值給予了充分肯定，也有意要糾正目前學界對於方玉潤過度推崇的看法。此外還如，對王先謙《詩三家義集疏》進行分析後所下的結論：

> 截至目前為止，王先謙的《詩三家義集疏》仍書相關著作中的佳構，其為博雅考訂之學的成功之作必須充分肯定；雖然，三家《詩》的輯佚工作永遠不可能劃下句點，資料判讀的工夫永遠不可能精密無失，今天我們可以同意王氏在詩經學史上所作的傑出貢獻，但《詩三家義集疏》之永恆價值亦不宜過度張皇。〔註11〕

黃教授的這個結論，是在對《詩三家義集疏》的詩經學史意義進行細緻考察的基礎上得來的，無疑將會被學界普遍接受。

五、本書對於詩經學史撰寫的借鑒意義

本書所談都是清代詩經學中的一些重要人物，限於體例，黃教授並未對每一家的每一個具體成就作過於繁瑣的考索，而是側重於通過對諸家成就的論析，顯明其學術史，特別是詩經學史意義。而對於當下的學術史，特別是詩經學史的研究現狀，黃教授在本書《代序》中，提出了自己的思考：

> 今日我們對清代學術的理解，受到清末民初學者學術史的影響很深。但是，他們有屬於自己時代的「成見」，這個「成見」還適用於現在嗎？這是一個值得思索的問題。個人以為，現代的研究者能開創屬於當代的「成見」，才是值得期待的。〔註12〕

這裡的「成見」，黃教授加了引號，當是指詮釋學意義上的「成見」。確實，我們每個人都是處於歷史中，每個人都會有自己的歷史局限，縱使如黃教授接下來所提及的皮錫瑞、梁啟超、錢穆等大家，也無法超越自己的歷史局限。因此說，在現代學科視野下，如何有效地吸收前人成果，去處前人不合時宜的「成見」，重新建構一個新的、屬於當代的詩經學史體系，是當務之急。毋庸諱言，本書並未能達成這一任務。但是，本書對此作出了積極的探索，對前人那些不合時宜的「成見」作出了積極的回應，修正了目前學界認識上的一些偏頗之處；而且本書對於專家專書的分析，也的確可以給當前詩經學史研究者提供一些有益的借鑒，而這也正是黃教授所期待的：「若有人由本文或

第五卷，合肥：黃山書社，2012 年。〔附註：該文又收入本書，第 196 頁。〕

〔註11〕黃忠慎：《清代〈詩經〉學論稿》，第 233 頁。

〔註12〕黃忠慎：《關於清代〈詩經〉學史的研究思路》，《清代〈詩經〉學論稿‧代序》，第 20 頁。

本書獲得論題上的啓發，對我而言，將比引用我的論文更有意義。」〔註13〕

　　總體說來，本書取得了不凡的成績，較之當下其他一些詩經學史著作，呈現出一種別樣的精彩。當然，本書也有一些不足之處，這裡也提出來，供黃教授參考與批評。其一，清代學術史上有吳、皖二派之分，後來又有學者從這兩個學派中又衍生了浙東學派、揚州學派等概念，並且針對這些學派劃分也有些爭論。黃教授在本書中，對於胡承珙和馬瑞辰的學派歸屬問題作出了重新思考。通過對「《毛詩》三大家」在解經中的一些具體問題的考索，黃教授認定馬瑞辰屬「皖派」，而胡承珙、陳奐則應屬「吳派」。從黃教授的行文來看，分析得比較合理，證據也比較充分。但是，「吳派」和「皖派」之分別，在清代學術史上或許有些價值，而在清代詩經學史上，這樣分派的意義似乎並不見得有多大。再者說，這種分派本來就不是一個嚴格的學術意義上的劃分；「吳派」與「皖派」兩個概念的內涵與外延，很難從學術角度——特別是在當下的學術語境中——給出科學的界定。依我個人的淺見，這個話題避而不談，雖然有省事之嫌，但也未嘗不可。

　　其二，本書中有幾處技術性錯誤：第 42 頁，「語句語文本」當爲「語句與文本」；第 115 頁注釋 13 和第 162 頁注釋 68《中國訓詁學》出版地當爲「濟南」，而非「萊蕪」；第 134 頁注釋 53，「歙線」當爲「歙縣」；第 135 頁注釋 56，「不進」當爲「不盡」；第 220 頁和 222 頁之「塘風」，當爲「鄘風」；第 246 頁，徵引書目之《詩經要籍解題》的作者當爲「蔣見元、朱傑人」，而非「程俊英、蔣見元」。當然，這些小問題或由於手民誤植，或由於兩岸學界交流仍不夠深入所致，均無關宏旨。

（本文原刊於《人文中國學報》第 19 期，上海古籍出版社，2013 年；
又刊於《中國學術》第 33 輯，商務印書館，2013 年）

〔註13〕黃忠慎：《關於清代〈詩經〉學史的研究思路》，《清代〈詩經〉學論稿・代序》，第 21 頁。

《詩經》異文的全面研究
——評袁梅先生《詩經異文彙考辨證》

　　凡治先秦文獻，必須要重視異文，這些異文對於探求文本原貌、準確地理解文義有著極其重要的意義。對於《詩經》來說，尤其如此。

　　先秦時期的《詩》文原本現在已無法得見，不過，我們從先秦時期傳世文獻和出土文獻稱《詩》引《詩》的情況，以及既有的古文字研究成果來看，因時間、地域的不同，其間肯定存在大量異文。現在可以見到最早的《詩經》文本是 1977 年出土的阜陽漢簡《詩經》殘本，全本則有唐開成石經《詩經》。將它們與今本相比，其間存在不少異文，而它們與先秦時期的古本之間，存在的差異可能更大。

　　自漢代起，學者就已經開始對《詩經》異文加以關注。漢代傳《詩經》學的有齊、魯、韓毛四家，其中齊、魯、韓三家是今文經學，而《毛詩》是古文經學。漢代的《詩經》文本於今古文之間，甚至今文經學的每一家之間，在文字上應當都有一定的差異。當時傳《詩》者應當知曉，各家各派所傳的《詩經》在文本上存在有一些異文。不過，據現在僅有的資料可推知，應當是直到鄭玄才對這些異文的學術價值有所關注。

　　南北朝時期的顏之推著有《顏氏家訓》，其中有一篇《書證》，涉及當時《詩經》江南本與河北本在文字上的差異，這幾處差異可能與南北學之不同有關。這是典籍中首次對《詩經》不同版本中異文的關注。比他稍後的陸德明，著有《經典釋文》，其中有《毛詩音義》三卷，搜集了《毛詩》的不同版本間的異文，還搜集了《韓詩》中的一些異文。正因爲當時《詩經》異文眾多，影響閱讀，唐人顏師古作《詩經定本》，以勘正文字。

　　《三家詩》於六朝時期逐漸失傳，但是，其中有些文句保持在其他書中。南宋人朱熹曾有從《文選注》中輯錄《韓詩》異文的想法，雖一直並未成專書，不過，他對《詩經》異文已有所關注則是無疑的。王應麟繼朱熹之志，勒成《詩考》一書，是首部對《三家詩》異文搜集與研究並重的著作。隨著文字學的發展，對《詩經》異文的輯錄與研究，到清代已蔚為大觀，主要表現在參與的學者眾多，取得的成果豐碩。比如，專門以《詩經》異文為研究對象的就有：陳喬樅《四家詩異文考》、黃位清《詩異文錄》、馮登府《三家詩異文考證》、李富孫《詩經異文釋》、陳玉澍《毛詩異文箋》等；延至民國，有江瀚《詩經四家異文考補》、張慎儀《詩經異文補釋》等。

　　還有很多詩經學著作涉及《詩經》異文的考證與研究，較為著名的有阮元《三家詩補遺》、陳喬樅父子《三家詩遺說考》、馮登府《三家詩遺說》、王先謙《詩三家義集疏》等。此外，一些筆記著作也涉及《詩經》異文。

　　前儒研究《詩經》異文，其中最突出的問題就是將異文與今古文經過度地聯繫起來，以及過度突出本字、正字的概念，對異文形成的複雜原因認識不夠。比如，被視為今文《詩經》學集大成的王先謙《詩三家義集疏》，將諸多異文歸之於學派歸屬的差異，動輒以為某字屬《魯詩》、某字屬《齊詩》、某字屬《韓詩》，這就很成問題。很多時候，異文並非因齊魯韓毛四家之間學派不同而產生的。先秦文獻距現在時代久遠，文字字體發生了好幾次重大變化，文獻載體也發生過幾次轉折，這就決定了異文產生的原因非常複雜。究其原因，大致有這樣幾點：一是文字自身變化而產生的不同字形。比如，戰國時代，齊系文字、晉系文字、秦系文字、楚系文字和燕系文字等在字形上有一定差異；秦始皇統一文字、隸古定、隸書楷化、俗字變為正體等等，都會在字形上產生一些變化，從而形成異文。比如，「昴」和「罪」，就是同一個古文字字形隸定出來的兩個新字形。二是古今字，以及後世產生累增字、區別字，甚至避諱字等產生的異文。如「輾轉」，本寫作「展轉」，「輾」是後世類化所產生的新字。三是後世文獻中的同義轉寫。前人引文，有時會把古奧難懂的字詞用當時通行的字詞轉寫，這也導致了一些異文的產生。比如，先秦時期不、弗在用法上是有差異的，但是這個差異在漢代就已經不復存在，所以才會出現把「瞻望弗及」寫成「瞻望不及」。四是傳抄刊刻時產生的有意、無意或隨意的更改，以及訛誤。有時候，書手的書寫心理不同或者寫了錯別字等情況，也會產生一些異文。這種情況普遍存在，無需舉例。

時至今日，學者對於《詩經》異文的研究取得了較前人更爲深入的成果，撰成專書的有：臺灣學者朱廷獻《詩經異文集證》（1984 年自印本）、陸錫興《詩經異文研究》（中國社會科學出版社 2001 年版）、程燕《詩經異文輯考》（安徽大學出版社 2010 年版）等。也有不少論文涉及《詩經》異文的研究，其中較爲突出的有兩類。阜陽漢簡《詩經》出土後約十年，整理者胡平生、韓自強發表《阜陽漢簡〈詩經〉簡論》，其中有對阜陽漢簡《詩經》與今本異文的專門考察。此後，陸續有學者發表討論阜陽漢簡《詩經》異文的論文。這是一類。虞萬里的《六朝〈毛詩〉異文所見經師傳承與歷史層次——以陸德明〈毛詩音義〉爲例》（載第四屆國際漢學論文集《出土材料與新視野》，臺北，2013 年）、《〈詩經〉異文與經師訓詁文本探賾》（《文史》2014 年第一輯），將六朝時期《毛詩》文本中異文的類型、產生原因與歷史層次加以考察，並將其與漢儒傳《詩》的家法師法聯繫起來。這其實探討的是文字隸定以後的寫本時期的《詩經》異文。因爲隸定前與隸定後、寫本時期與刻本時期的異文，無論是產生原因，還是表現形態，都有著明顯不同。這又是一類。

在當下的《詩經》異文研究中，還有一本專著需要特別表出的，就是袁梅先生的《詩經異文彙考辨證》。總體看來，該書主要的突出之處有：

一是搜羅宏富。《詩經》流傳久遠，自先秦時期，時人就有稱引《詩》文的習慣。漢代尊《詩》爲經後，其地位更爲學者推崇。因此，很多典籍都有引用《詩經》的情況。該書對傳世文獻中涉及《詩經》方面的異文進行了盡可能的搜集，也適當關注了出土文獻，並在此基礎上對這些異文進行分析，是迄今爲止，對《詩經》異文搜羅最爲全面的一部專書。其中所引用的書遍涉經史子集四部，有歷代《詩經》學名著，有石經研究著作，有語文學專著，有類書，也有今人的甲金文字專著等等。比如，《周南・汝墳》「惄如調饑」，這裡的「調」，陸德明《經典釋文》錄一異文「輖」。這個詞的意思，前人也有些爭論。曾良《俗字與古籍文字通例研究》（百花洲文藝出版社 2006 年版）在目驗敦煌寫卷後提出，「輖」在敦煌文獻中當是作「輈」，其實就是「朝」的俗字。袁梅先生在該書中指出《經典釋文》中的「輖」應作「輈」，《蜀石經》《說文鈔》《五音韻譜》所引《詩》文皆作「輈」。這就爲曾良說提供了傳世文獻的證據。五代時書法家楊凝式《韭花帖》中有「畫寢乍興，輈饑正甚」，字正作「輈」。由此可見，「輖」本當作「輈」，是「朝」的俗字。曾良的觀點是正確的。《毛詩》作「調」，是「輈」的同音假借字，二字草書字形也比較

接近，這個「調」，可以訓作朝，也就是早晨的意思。

二是全面耙梳。《詩經》歷時久遠，其中產生異文的情況又比較複雜，這就需要我們對其逐一考察，梳理相關文獻，再在此基礎上加以辨析，以期對異文產生的原因得出趨於合理的認識，並藉以盡可能地釐清《詩經》文本的歷史層次。該書在全面搜羅異文的基礎上，對異文產生的情況進行了全面耙梳，得出了不少真知灼見。比如，《邶風‧谷風》「黽勉同心」，這裡的「黽勉」是雙聲聯綿詞，其字形無定，典籍中還可以見到如「密勿」「蠠沒」等寫法。袁先生對典籍中「黽勉」的不同寫法作了勾稽，並指出《毛詩》「黽勉」使用最為廣泛。又如，對《衛風‧碩人》「衣錦褧衣」中「褧」字、《唐風‧山有樞》「樞」「婁」「宛」字、《唐風‧揚之水》「鑿」字等等異文的梳理，廣泛徵引相關文獻，作出分析，皆可見其耙梳之全面。此外，有些異文，歷代說解頗多，各持己見，糾葛紛擾，莫衷一是，袁先生並不多錄他說，僅錄一二可用之說。如，《邶風‧泉水》「出宿于泲」，《列女傳》有異文作「濟」。袁先生只引用段玉裁說，以為典籍中二字並用，並下按語，以二字為一字異體，甚是。還有些異文，歷代說法大同小異，但未必得其要領。比如，《鄘風‧柏舟》「實維我特」，《韓詩》「特」作「直」，諸家多說二字字異義同。袁先生則據《魏風‧伐檀》直、特為韻，指出二字音近通假。我們知道，用作虛詞時，特、直也都有僅僅、只不過的意思。音近通假較前人的字異義同說更精確。

三是準確辨析。該書既名之為「辨證」，其中自然要對所搜集的諸多異文加以辨析、考證，而這正是最能體現作者功力之處。比如，《周南‧關雎》「鐘鼓樂之」，這裡的「鐘」，各版本大多作「鍾」，但是明監本作「鐘」。按照通行說法，鍾、鐘二字有別，指樂器的是「鐘」，「鍾」則一般用於鍾情、鍾意之類。漢代許慎《說文解字》對這兩個字解釋說：「鍾，酒器也。」「鐘，樂鐘也。」還有個說法，也是我們大家所熟知的。錢鍾書先生說他名字中的那個「鍾」字不能簡化，否則就不能表達鍾情於書的意思了。於是，很多出版物中就出現了「钱鍾书」（錢鍾書）這樣的字形。袁先生在該書中，對金文中的鍾、鐘二字加以考察，指出其中的「鍾」是「鐘」的或體。再對《詩經》中出現了 16 次的「鍾」加以分析，指出它「多為樂器之名」，或引申指「鐘鼓之聲」。所以，明監本中的「鐘」字並不符合《詩經》的本來面目。其實，這兩個字混用，在其他的傳世文獻中也可見到，比如《左傳》《荀子》

中就用「鍾」來表示樂器名稱，而《淮南子》中也有用「鐘」表示容量單位。這同時就暗示我們，漢中期以前的鍾、鐘二字在字形上有別，而用法上則混同；二字字義上有明確區分，可能至早要到漢代中後期才產生。許慎《說文解字》所作的區分，可能是出於對漢代用法已然有別，或者《說文》撰著體例的考慮，並不符合先秦文獻中用字的實際情況。一些字典辭書，如《王力古漢語字典》等以爲二字互相假借，亦不如袁先生的或體說穩妥。

此外，該書將《詩經》中所有異文的條目和單字列出，具有索引的功能，頗便於學者翻檢使用。

當然，不可避免地，該書也存在一些小問題。首先，袁先生年事已高，完成此書時已經 88 歲高齡，有時候知識不能及時更新，從而產生一些本不必要的失誤。比如，該書有《錯簡質疑》一篇，作爲附錄，袁先生的按語很見功力。不過，據現有出土文獻的情況，一般竹簡的背面會有劃痕或者明確的順序標記，這樣出現錯簡的可能性基本上是不太會存在的。而且，從《詩經》的傳承情況來看，在漢代出現錯簡的可能性也是微乎其微的。其次，還有些地方判別錯誤。比如《王風・丘中有麻》「丘中有李」，《白孔六帖》引此作「邱中有黍」。袁先生以「黍」是「李」的訛字，很正確。但說丘、邱爲古今字則不夠正確了。考袁先生所引《白孔六帖》爲《四庫全書》本，而清人爲避孔丘諱，或缺筆，或改作「邱」。還有，書中也有少數異文沒有列出。比如，《邶風・燕燕》「瞻望弗及」，阜陽漢簡《詩經》作「彰望」，是音近通假。該書於此一異文失錄。

儘管該書存在一些小的問題，不過小瑕不掩大瑜，作者搜羅之全、耙梳之勤和辨析之精等都值得表出。袁先生專守一經數十年，早在 1985 年就在齊魯書社出版過《詩經譯注》一書，在學術界有較爲廣泛的影響力，現在又以耄耋之齡，健筆凌雲，完成這部逾 70 萬言的巨著，其學術價值自然不容小覷。袁先生身居齊魯大地，爲孔孟之鄉。孔子說：「知者樂，仁者壽。」袁先生執著於《詩經》研究數十年，以智得樂，以仁享壽，以 88 歲高齡完成了這部《詩經異文彙考辨證》。該書的出版，令我們感動的，並不僅僅是袁先生以一部優秀的學術著作嘉惠學林，更在於袁先生以堅守執著、勤勉學術的奉獻精神，爲我們做出了表率。

（本文原刊於《中華讀書報》，2015 年 3 月 11 日第 15 版）

復原朱子尙書學原貌
——評陳良中教授《朱子〈尙書〉學研究》

　　朱子是在中國思想文化史上承前啓後的重要人物，對 12 到 19 世紀的中國影響至巨。而朱子思想得以產生的根源就是儒家的「五經」或「六經」。朱子的這句話爲人們所習知：「《四子》，《六經》之階梯；《近思錄》，《四書》之階梯。」這句話明確告訴我們：撇開術的層面不談，僅僅從學的層面而言，朱子治學，是以《易》、《書》、《詩》、《禮》、《春秋》五經爲最終依歸的。朱子與呂祖謙編《近思錄》，朱子推重《四書》，其目的都是爲了可以更好地去理解五經。

　　朱子於治《五經》，撰成專書的有《周易本義》和《詩集傳》；《儀禮經傳通解》不是完書，而《尙書》和《春秋》則留下了空白。雖然朱子的文集、語錄中存有他關於《尙書》的諸多零散言論，體現了他的《尙書》學思想，蔡沈《書集傳》與朱子本人有著千絲萬縷的聯繫，但是朱子《尙書》學的研究一直乏人問津，朱子在《尙書》學史上的學術地位也就無法準確地認定。陳良中先生的大著《朱子〈尙書〉學研究》（人民出版社，2013 年版）是迄今爲止第一部系統研究朱子《尙書》學的專著，其中眞知灼見屢見不鮮。著名《尙書》學專家錢宗武先生在本書序言中稱本書「在《尙書》學史和和學術史研究領域有篳路藍縷、披荊斬棘、開啓山林之功」，這個評價恰如其分，並無半點溢美之處。

　　朱子並未留下《尙書》學專著，但是在其文集、語錄中，有大量談論《尙書》相關問題的內容，這些內容主要分爲兩個方面：一是《尙書》文本的研究，二是《尙書》學史的研究。而這兩方面的內容正是朱子《尙書》學這個

命題得以在學理上存在的理論前提，同時也是朱子《尚書》學的主要研究對象。陳良中先生從朱子的相關著述中，勾稽耙梳出其論及《尚書》的所有資料，細緻分析，謹嚴立論，從而出色地完成了相關研究，也正式構建了「朱子《尚書》學」這個學術命題。

朱子對於《尚書》文本的研究，包含兩個方面：一是訓詁，也就是對《尚書》中字詞章句的訓解和義理的推闡；一是辨偽，即對《尚書》文本眞偽的考辨。這兩方面是保證《尚書》解釋的有效性、可靠性和權威性的必要條件；而保證經典解釋的有效性和權威性，又是朱子力闢佛老而重建儒學的前提條件。如此來看，對於《尚書》文本的研究，其實也是朱子最終形成一個集大成的思想體系的重要基礎。陳良中先生的大著中，專闢一節，考察朱子論《書》引書情況，並作出了細緻的統計：其中，引《尚書》古注共 36 次，引宋代諸家《書》說近百次，因其他文獻約 50 次。涉及 48 種文獻，其中《尚書》學文獻 31 部，宋人著作 35 部。這就充分體現出朱子遍採群言以熔進自己的學術思想體系的學術特徵。

今古文問題是經學史上的一個重要問題，歷來爭議不斷。漢代學者一般各持立場，而在朱子之前的宋儒，大多亦懷偏見。朱子的對於今古文《尚書》的辨偽，則能堅持從文獻學角度出發，超越了門派紛爭的桎梏之見。《書》經秦火後，漢人的傳本已然不是「曾經聖賢手」而體現孔子本人思想的傳本；而宋人所見的《尚書》刻本，中間經過輾轉傳抄，又不能與漢儒的《尚書》傳本同。朱子以其紮實的文獻基礎和超奇的思辨能力，對層累地積壓在《尚書》上的問題作出了深邃而嚴謹的考辨，正如朱師傑人先生在本書序言中所說：「尤其在辨偽的問題上，他（朱子）的成就遠遠超出了時代意義。」陳良中先生在這部大著中，對朱子的辨偽作出了細緻而深刻的分析，揭示出了朱子在《尚書》辨偽學上的相關觀點和取得的成就，從而也就揭示出了朱子在《尚書》學史上應有的地位。

關於朱子在《尚書》學史方面的研究，則體現在朱子對歷代《尚書》學著作（包括尚書古注與宋儒新注）和《尚書》學者得失的評價上。前儒得失，是朱子選擇是否採擇其說的關鍵因素，也可以為後世撰寫《尚書》學史提供重要參考。但是，朱子對自己的一些言論並未加以論證，也就容易被學界忽視。陳良中先生在大著中，對這一問題有著細緻的考察和認眞的分析。特別是對於朱子所謂的「蘇氏傷於簡，林氏傷於繁，王氏傷於鑿，呂氏傷於巧」，

陳良中先生站在朱子立場，代朱子論證，揭示了朱子發此論的原因所在和精妙之處，頗能會朱子之意。

除此之外，蔡沈採師說而著成《書集傳》，這個稱名，很明顯就是借鑒朱子《詩集傳》而來的，其解經也必然有許多採用師說之處。如此而言，朱子與蔡沈師弟之間的傳承也是考察朱子《尚書》學的題中應有之義。陳良中先生在大著中，專門設一章對這個問題作了深入的探討，從家族淵源到學理淵源，再論及師弟之間說法的異同之處。尤其是蔡沈與朱子說不同之處，陳良中先生作了深刻細緻的揭示。又，陳良中先生在梳理相關文獻資料的後，認為《尚書》學進入朱子思想領域並不早。這些研究，在《尚書》學史中都具有重要學術意義。

該書第一章，首先分析宋代學風與宋代《尚書》學。微觀研究必須要與宏觀分析相結合，在宏觀的視野下探討微觀，才能更好、更準確地把握微觀。宋代《尚書》學要在宋代學風這個宏觀背景下來把握，而朱子《尚書》學則要在宋代《尚書》學，甚至整個宋代學風的宏觀背景下來把握。我們知道，朱子治經，是訓詁與義理並重的。朱子之重義理，批評漢學，是沿襲宋人一貫的學風；而他之重訓詁，則是對宋代一些儒生經師過分追求義理，忽視訓詁，以致遊談無根的學風的糾正。陳良中先生明確指出：「對古義的注重無疑是對當時學者空談性理的警醒與反動。」這句話一語中的，將朱子的《尚書》學與其他重視義理而忽視訓詁的儒生的《尚書》學區分開來。蔡方鹿先生認為朱子屬於訓詁與義理兼重的宋學家，而筆者在博士學位論文《朱子詩經學考論》中，則認為宋學當由朱子開創，此前的宋儒只能屬於宋學形成的積澱階段，並不能算作宋學。

陳良中先生近些年來孜孜於宋代《尚書》學研究，對於宋代《尚書》學的發展和演進有著深入關注，發表過多篇相關的專題研究論文，具有深厚的學術功底和造詣。本書第二、三、五、六章以及餘論，是從不同角度對朱子《尚書》學展開的專題研究。第二章考察的是朱子與學侶、弟子們討論《尚書》及歷代《尚書》學著作，既涉及《尚書》文本，又涉及《尚書》學史；第三章對朱子治《書》的相關成果作出分析，並在此基礎上論述其成就；第五章考察的是朱子與蔡沈《書集傳》的關係；餘論則對朱子何以未竟《書經集傳》的原因作出了積極有益的推測。這些專題研究，都是置於宋代《尚書》學史，甚至是宋代學術史角度下的考察。而第六章，則更將視野拓寬到宋以

後的《尚書》學上，探討了朱子《尚書》學對後世《尚書》學產生的重要影響。本書第四章，探討的則是朱子的解經方法和價值取向，這是由《尚書》學這個「點」延伸到五經這個「面」上的研究。此外，本書又考察了朱子與蔡沈《書集傳》的關係和朱子《尚書》學的影響。這樣，就使得朱子《尚書》學這個微觀研究能與宏觀分析相互貫串，從而使本書論證更加嚴密，結論更加可信，這也就凸顯了本書的學術價值。

筆者以為，治朱子學之難，首先就在於應該將朱子所撰著的書與朱子所讀過的書通讀一遍。而這也正是研究朱子學的基本前提。陳良中先生數年來，一直致力於《尚書》學研究，在歷代《尚書》學著作要籍的整理和研讀上下了很大工夫，同時又認真閱讀過上海古籍出版社和安徽教育出版社聯合出版的《朱子全書》；而且，還對整個宋代學術風貌的演進情況有著深入的研究。這就充分保證了研究「朱子《尚書》學研究」這個課題所需要的知識面。此外，仍值得一提的，這本大著較作者七年前的同名博士學位論文改動處頗多，這是陳良中先生識見益深、學問益精的見證。當然，本書也略有些微疵之處，如吳棫所著之《書稗傳》，書中稗字誤植作裨、裨等。朱子採擇諸家訓釋，是否每一條都無可商之處，這也值得考慮。朱子所自立的新訓，可糾舊注之偏頗，這亦是朱子《尚書》學成就之一，也宜適當檢出，作出說明。不過，這些都是細事，無傷大雅，並不至於影響本書的學術價值。

（本文原刊於《中華讀書報》，2013 年 12 月 11 日第 10 版）

遍搜遺籍治群經

——讀許建平先生《敦煌經學文獻論稿》

　　自漢武帝起，官方的推崇和干預使儒家學說受到了前所未有的重視；儒家典籍也因之而爲學者所重，成爲學術研究的重要對象。對儒家典籍的解釋與研究、將儒家學說加以推闡與運用，向被統稱之爲「經學」。梁啟超先生在《清代學術概論》中稱「清學以經學爲中堅」，其實非特清代如此，自漢以後的歷朝歷代皆以經學爲中堅。勾稽文獻可知，即使是被皮錫瑞稱之爲「經學中衰時代」的六朝時期，朝廷和學者對經學的重視程度非常高，由此也可窺知其時經學的繁榮與發達。

　　經學包括「學」與「術」兩個方面。朝廷和部分學者重視經學中「術」的部分，用之以治國經世；而部分學者則重視經學中「學」的部分，他們對經學文獻進行解釋與研究。由於字體演變、文獻載體變化、經師妄改、輾轉傳抄、誤刻等因素，經學文獻的文本難免會存在這樣那樣的問題，從而影響到解釋的有效性和研究的可信性。也正因此，歷代學者都十分關注經學文獻的文本。比如熹平石經、開成石經等，實際上就是在校定文本。宋儒朱熹對《毛詩》文本進行勘正，是希望可以恢復《詩經》古本的原貌，進而從中探尋聖賢本意。清儒特別重視從小學入手解經，他們對於傳世經學文獻文本的重視程度遠超前代，研究之深、涉及面之廣也都遠超前代，若今文經學典籍的輯佚與研究、歷代石經文本的考察與分析、各類字書用字情況的梳理等等皆是。

　　在傳世經學文獻差不多被學者搜羅殆盡的時候，敦煌文獻的發現，讓經

學文獻的研究煥發了新的生機。敦煌文獻中有《周易》《尚書》《詩經》《禮記》《春秋左傳》《春秋穀梁傳》《論語》《孝經》《爾雅》等九種經籍，皆是六朝至五代時期的寫本，是刻本之前的形態，許多文獻是前儒未曾寓目的，因此它們對於經籍的研究具有不可估量的意義。因此，敦煌經籍甫一出現，就引起了學者的重視，羅振玉、王國維、劉師培、王重民以及海外的諸多學者參與研究，撰寫了許多重要的專著和專題論文，使得敦煌經籍研究成為敦煌學這門顯學中的重要一支。許建平教授浸淫敦煌經籍研究有年，成果豐碩，新近由浙江大學出版社出版的《敦煌經學文獻論稿》（以下簡稱「《論稿》」）一書，就是他部分論文的結集。

從研究對象上來看，《論稿》涉及《周易》《尚書》《詩經》《禮記》《論語》五部經典。而從研究內容上來看，《論稿》則主要包括對敦煌經籍的校錄與研究、對敦煌經籍研究史的回顧與展望、對敦煌經籍學術價值的揭示和其他專題研究四類。

第一類，對敦煌經籍的校錄與研究。前文已述，敦煌經籍對於傳世經籍的研究，有著十分重要的意義，這主要體現在對敦煌經籍本身的校錄和對傳世經籍的校勘上。敦煌經籍的校錄工作非宿儒巨匠不能為，原因在於，這些寫卷有的文字漫漶，有的殘片需要綴合，再加上許多難以辨認的俗字、不易把握的書寫格式與符號、不同書手的不同書寫習慣以及抄手文化水平良莠不齊等，給進一步研究造成了障礙。準確地校錄這些經籍，是開展進一步研究的前提和保障。《論稿》中，《新見國家圖書館藏敦煌經部寫本殘頁錄校研究》《唐寫本〈周易經典釋文〉校議》《日本舊鈔岩崎本〈尚書〉寫卷校證——兼論與敦煌寫本互證的重要性》《日本舊鈔九條本〈尚書〉寫卷校證》《BD09523〈禮記音義〉殘卷跋》《杏雨書屋藏〈論語〉殘片三種校錄及研究》等篇，就是在準確校錄的基礎上作進一步研究的論文。在這些論文中，許教授將敦煌本與傳世善本的異文進行窮盡式地比對、分析，並廣泛梳理前儒相關觀點，給出合理的解釋。這些具體的、微觀的研究，有的可正傳世本之訛誤，有的可息前儒之爭訟，有的可以補既有研究之缺失，對於敦煌經籍本身、對於傳世文獻的校勘與研究都有著十分重要的意義。而目前開展的《十三經注疏》校勘工作，往往囿於工作體例，只是局限於刻本範圍內加以校勘，沒有對這些研究成果引起重視。

此外，還有《整理敦煌文獻時需要注意的幾個問題》一文，則是從宏觀

的角度，指出敦煌文獻整理過程中，需要注意的俗字去留標準、異文考證的準確性、對清人研究成果重視不夠這三個問題。這三個問題，可以糾正當下校錄工作之偏頗，可以開示來學以方向。

第二類，對敦煌經籍研究史的回顧與展望。百年來敦煌經籍研究，由起步到繁榮，研究成果層不出窮。《論稿》中，《敦煌出土〈尚書〉寫卷研究的過去與未來》《敦煌〈詩經〉寫卷研究綜述》兩篇就是分別對百年來敦煌《尚書》和《詩經》寫卷研究史的回顧與展望。在這兩篇文章中，許教授以類別為經，以時序為緯，對相關研究現狀作了深入而細緻的綜述，梳理了中、日、法等國學者的研究成果，並加以辨析，揭示其中的學術價值，指出其中的不足。在此基礎上，許教授又提出未來的研究方向，比如，關於《尚書》寫卷的研究，許教授指出，《尚書》寫卷的輯校、古字本與今字本的界定問題、隸古字來源的考察、梅頤所上《隸古定尚書》的原貌四個方面可以作為今後一段時間的研究重點。這兩篇具有指南作用的綜述，充分展示了許教授所見之廣博、所識之深刻。

第三類，對敦煌經籍學術價值的揭示。敦煌經籍的學術價值，首要就是其文獻價值，包括版本學價值、校勘學價值、輯佚學價值等。敦煌經籍是刻本之前的形態，對於我們瞭解版本源流、恢復古書「原貌」有著重要的文獻價值。敦煌經籍中，還有些傳世文獻所未見的古書，如 P4905+P2535 為《春秋穀梁經傳解釋》殘本，P3833 為《毛詩音》等，可補歷代書目之缺失。其次，敦煌經籍的文字音韻價值。敦煌經籍所使用的書寫字形，保存了彼時的文字形態，尤其是大量的俗字與異文。這些字形資料，有的可以填補文字學史中的空白，有的可以驗證字書的正誤。敦煌經籍中的音義資料，對於六朝音系和西北方音研究來說，則是十分珍貴的。再次，敦煌經籍的經學史價值。六朝時期是經學傳承過程中不可或缺的一環，而經籍多有亡佚，卻使得這個時期成為經學史上最為薄弱的一環。敦煌經籍剛好可以在一定程度上加以彌補，豐富經學史的研究。《論稿》中，《敦煌經籍寫卷的學術價值》一文，結合具體的材料，從總體上討論了敦煌經籍的學術價值。《敦煌本〈周易〉寫卷的學術價值》《關於傅斯年圖書館所藏〈周易正義〉寫卷》《由敦煌本和岩崎本互校看日本舊鈔〈尚書〉寫本之價值》《敦煌〈詩經〉寫卷與中古經學》《跋國家圖書館藏敦煌〈詩經〉寫卷》《英俄所藏敦煌寫卷〈毛詩音〉的文獻價值》《試論法藏敦煌〈毛詩音〉寫卷的文獻價值》等 7 篇文章，則從不同側面揭

示了敦煌經籍學術價值。

第四類，其他專題研究。除以上三類之外，《論稿》中，還有一些專題研究，比如前文提及的 P3833《毛詩音》寫卷，其中存在 21 條「又音」資料，沒有引起學者的足夠重視。《法藏敦煌〈毛詩音〉「又音」考》一文，洋洋灑灑萬餘言，對這些「又音」資料進行了細緻入微的考察，界定它們的性質爲「非作者之注音，而是取自別家注音」。其結論精確不移，也糾正了既有研究的不足。S2729《毛詩音》是公元 8 世紀後期的寫卷，其中文字與傳世本《毛詩鄭箋》頗有不同，《英藏敦煌〈毛詩音〉寫卷所見〈毛詩〉本字考》一文考察了這一現象。唐抄 S2053VA《禮記音》所據底本是六朝時期鄭玄《禮記注》版本，《從敦煌寫本〈禮記音〉殘卷看六朝時鄭玄〈禮記注〉的版本》一文將該卷與今本《禮記注》之間的差異進行了詳細考察和分析。此外，《論稿》中，還收了《我與敦煌學研究》一文作爲首篇，回顧了作者的治學歷程，分享了治學經驗；又有李方《敦煌〈論語集解〉校證》一書的書評，分析了該書的優點和不足，於作者，於讀者，於研究本身，皆爲有益。

近些年，許建平教授在敦煌經籍研究領域辛勤耕耘，撰寫了《敦煌經籍敍錄》、參與撰寫《敦煌經部文獻合集》等大部頭著作，發表了關於敦煌經籍研究的一系列高質量的論文。繼 2014 年結集出版《讀卷校經：出土文獻與傳世文獻的二重互證》之後，許教授又於 2016 年，將 22 篇敦煌經籍研究論文結集爲《論稿》一書出版。《論稿》主要貢獻有二：一是對敦煌經籍作出細緻、精到而且深入的探究，豐富了敦煌文獻和傳世文獻的研究；二是考證精細，邏輯嚴密，堪稱典範，足爲榜樣，給來學開示了治學門徑，指明了治學方向。

（本文原以《讀卷校經在敦煌》爲標題，
刊於《中華讀書報》，2017 年 8 月 2 日第 10 版）

淺直的語言揭示深刻的道理
——評《四書新解》

　　宋代儒生爲了達到他們通經致用的目的，對漢唐經學體系加以改造，以適應當時現實社會的需要。他們主要採取兩種辦法來突破漢學的藩籬，以構建宋學：一是著重從義理的角度對五經重新闡釋；一是在五經之外，創造性地構建了四書的新體系。所謂「四書」，就是《禮記》中的《大學》《中庸》兩篇再加上《論語》《孟子》兩部書。宋儒認爲，四書是研究五經的前提和基礎，因此對四書特別留意。據顧宏義先生《宋代〈四書〉學文獻論考》的考證，僅有宋一代，就有四書類著作共 783 部。而這其中，朱熹所撰《四書章句集注》最爲名著，它奠定了四書的經典地位。元代延祐時，朝廷將《四書章句集注》勒爲功令，作爲科舉考試的標準教材。自此以後，四書成爲士子的必讀書，而四書學也逐漸成爲一門顯學。明代的官修目錄《文淵閣書目》就已經開始將四書單列一類。

　　到了民國時期，狂飆突進，西方列強的堅船利炮，加上東鄰日本因學習西方文化而崛起，迫使中國知識分子積極學習西方文化，變法圖強，開啓民智。而這同時，中國傳統文化因之受到了外來的西方文化思潮的強烈衝擊。雖然這個衝擊是前所未有，但是還有一些學者出於這樣那樣的目的，爲往聖而繼絕學，保存國粹，延續文脈。四書學領域也是如此，有諸多著作出版，學術上也呈現出新的發展態勢。著名出版家沈知方約請蔣伯潛注解的一部《四書》讀本，就是中比較有特色的一部。

　　紹興人沈知方在上海先後與人合作創辦商務印書館、中華書局，又一手創辦世界書局、廣智書局等，「其中茹苦含辛，垂成而敗者不知凡幾」，「無不

立業於艱困之際，成功於奮勤之中」（沈知方《四書新解・刊行序》）。當時的社會背景，加上這份獨特的生活經歷，令他「回味《四書》中一二語，遂覺無不深中肯綮，可見聖賢救世之心，發爲言論，垂訓萬古，非無故也」（沈知方《四書新解・刊行序》），因此，他請同鄉王緇塵爲他講授《四書》，王緇塵「即理而求其證，即事而爲之喻，理或深入，言則淺出」（沈知方《廣解四書讀本序》），沈知方遂將其中的《論語》部分先行出版。之後，又請胡行之校訂《大學》部分、蔡丐因《中庸》部分、董文校訂《論語》部分、朱劍芒和胡山源校訂《孟子》部分，匯成《廣解四書讀本》，共 5 冊，「以白話爲解釋，以近事爲譬喻，深入淺出，如文以釋，如理以解」，可以「活讀之而活用之」。（沈知方《廣解四書讀本序》）該書於 1936 年由世界書局出版，影響頗廣，所以當年就一版再版。1938 年，蔣伯潛因國難而避居滬上，沈知方又以請他修訂此書。其時，「無故籍可資參考，僅就平時記憶所及，採漢宋諸家之說，繹述朱注，間亦爲之補正」，又請蔡冠洛「爲之校閱補苴」（蔣伯潛《四書新解・蔣序》）。因蔣氏用語體文撰寫，故而稱《語譯廣解四書讀本》，於 1941 年由啓明書局出版。而彼時，沈知方已下世兩年了。

蔣伯潛注解的這部《語譯廣解四書讀本》，共 7 冊，其中《大學》《中庸》1 冊、《論語》2 冊、《孟子》3 冊、《分類四書》1 冊。此書以朱熹《四書章句集注》爲藍本，注意吸收歷代注釋中可取之處，對容易產生誤解的地方加以辨析，並結合當時的社會實際，用淺顯直白的語言揭示出《四書》中所蘊含的深刻道理，深切於人倫日用。呂思勉爲本書題字，認爲本書「足爲後學津梁，即曾經熟誦者，亦資印證」，準確地揭示了本書的學術特色和價值。具體說來，本書的特色主要體現在：

一、在遵朱的基礎上廣泛採取諸家說法，擇善而從。本書以朱熹《四書章句集注》爲綱，但並不惟朱是從，而是遵朱卻並不佞朱。也就是說，凡朱熹注解的可取之處就遵從朱說，而朱注不恰當之處，則別採他說。本書所採之說，有漢唐學者若鄭玄、趙岐、何晏、皇侃、孔穎達等人的古注，也有清儒若閻若璩、段玉裁和王念孫、王引之父子等人的新說，甚至還會引用一些筆記著作，如顧炎武《日知錄》、錢大昕《十駕齋養新錄》等的相關解釋。有時候，一些容易引起誤解或前人爭議較多的地方，本書則引出比較有代表性的說法，加以辨析。比如《孟子・公孫丑上》「望望然去之」，這裡的「望望然」，趙岐解釋爲「慚愧之貌」，朱熹解釋爲「去而不顧之貌」。清儒焦循取趙

岐說，濫用通假，曲為之解，以為「讀為惘惘，惘惘即罔罔」。本書先錄趙岐、朱熹之說，再引《禮記‧問喪》注：「望望，瞻望之貌。」並下結論，以為此說較趙、朱之說為長。

二、注釋形式多樣，注語淺直。一般說來，這是民國時期注本較前代注本形式上活潑一些，語言上通俗一些。本書的注釋形式，既有字詞的解釋、章句的串講，也有文意的分析、背景的介紹，豐富多樣。而本書的語言，通俗易懂，淺近直截。也就是說，本書十分便於初學，讀者並不需要多麼深厚的古漢語功底，也不需要太多的知識儲備，就可以通暢地閱讀，而從中受益。

三、注意闡發大義，切合實際生活。《四書》之所以被稱之為經典，是因為「微言」（具體的語言文字）之中蘊含著孔子、子思、孟子等聖賢關於社會、人生等方面的「大義」（抽象的道理和規律），對於促進社會與政治的進步、提高個人文化素質與道德修養等方面都有著積極的指導意義。而這些積極的指導意義，往往是超越時空的，只要有人類存在，它就是鮮活的。本書在對微言進行解釋的基礎上，還能切合當時實際，注意對大義進行闡發，賦之以新的時代內涵。比如《孟子‧盡心》「君為貴」章，本書直接點出孟子的民本思想「固為當時視民如草芥的國君而發，然而正合近世民權的真諦」。又如《中庸》「君子之道」章的解說，就點出了是「就家庭方面說」，這對於妥善處理家庭成員之間的關係，有積極的作用。本書成書時代較近，而當時社會政治結構與今天的差異相對較小，因此，其中所闡發的義理，對於今人來說，仍具有一定的現實指導意義。可以說，本書在闡發微言大義方面的成就是此前《四書》類著述所無法替代的。

近幾年來，頗有學者注意到本書的學術價值和社會價值。有幾家出版社或重新整理，或影印出版，以滿足學界和社會的需要。然而，已經出版的幾種均或多或少地存在著不足之處。華東師範大學出版社新近改以《四書新解》之名，用簡體字出版，可以滿足不同群體讀者的需求。同時，刪去了原書天頭所附的《四書章句集注》，並對原版文字錯訛加以訂正，可謂後出轉精。原書末尾所附的《分類四書讀本》，也一併刪去，精簡了篇幅。相信本書的出版，可以開闢四書學研究的新方向，有助於傳承《四書》所蘊含的人文精神，同時，對於促進《四書》在當下社會中煥發新的生機也有積極的借鑒意義。

（本文原刊於《秦皇島日報》，2017 年 6 月 15 日，第 7 版；刪節版以《初學精進兩相宜》為題，刊發於《中國新聞出版廣電報》，2017 年 6 月 16 日，第 7 版）

學術性與工具性兼備

——評顧宏義先生《宋代〈四書〉文獻論考》

　　眾所周知，自宋代起，原先為《禮記》中的《大學》《中庸》兩篇與《論語》《孟子》二書被理學家結集起來，合稱為《四書》。《四書》因朱子《四書章句集注》而顯，爾後又為朝廷所重視，並勒為科舉考試的功令，歷元明，至清代，影響了近世中國約 800 年，對漢字文化圈的影響也很大。「四書五經」這個詞，可謂婦孺皆知。

　　自朱子之後，歷代學者闡釋《四書》者甚夥，留下了豐富的文獻資料。承「經學」這個概念，歷代學者對於《四書》的研究，也有所謂「四書學」之稱。然而，相對於《五經》的研究來說，當代學者的《四書》研究則顯得寥落許多。據筆者目力所及，除了一些論文以及《四書》譯注外，國內學者從整體上對四書學進行綜合研究或專題研究的專著僅有傅武光《四書學考》（臺灣師範大學國文研究所集刊第 18 集）、周春健先生《元代四書學研究》（華東師範大學出版社 2008 年版）、朱漢民與肖永明先生《宋代〈四書〉學與理學》（中華書局 2009 年版），以及樊沁永先生《晚明高僧〈四書〉詮釋研究》（首都師範大學 2014 年博士學位論文）等寥寥幾部。此外，臺灣學者黃俊傑先生將一些學者關於四書學的論文結集，形成了兩部論文集《中日〈四書〉詮釋傳統初探》《東亞儒者的四書詮釋》，先後在臺灣大學出版中心和華東師範大學出版社出版，也頗值得關注。不過，這些都大多是從哲學角度的研究，而其他方面的研究則比較罕見。此前，有錢基博《四書解題及其讀法》、《四書注解存目及存書目錄》（臺北國語四書編輯委員會 1987 年版）、《新解

四書注解群書提要附古今四書總目》（臺灣華泰文化事業股份有限公司 2000 年版）、顧宏義與戴揚本二位先生所編的《歷代四書序跋題記資料彙編》（上海古籍出版社 2010 年版）、周春健編《宋元明清四書學編年》（萬卷樓圖書股份有限公司 2012 年版），但這幾部書，在嚴格意義上並不能算作研究性專著。

顧宏義先生近著《宋代〈四書〉文獻論考》（以下簡稱《論考》）一書，則彌補了這個不足。《論考》分上下兩編：上編是對宋代《四書》文獻的專題研究，包括宋代《四書》文獻的興盛及其社會背景、宋代《四書》文獻的編撰與傳播、宋代《四書》文獻與程朱理學的發展三個專題，以及關於孫奭《孟子疏》真偽、《大學》改本、經筵《四書》講義三個問題的考辨。下編是宋代《四書》文獻的考證，勾稽文獻，分論語類、孟子類、論孟類、大學類、中庸類、學庸類、四書類 7 類羅列宋代《四書》文獻書目，並作出考證。顧先生精於宋史與宋代文獻的研究，對宋代《四書》文獻這個論題可謂駕輕就熟。以筆者看來，《論考》一書最具特色之處就是學術性與工具性兼備。

《四書》形成於宋代，然而，相關研究尚顯不足，對於宋代《四書》學領域許多問題，學界只有模糊的認識，並未有詳細考證，以致發論未穩；也有許多論題尚未為學界關注。《論考》於此皆有創獲。前賢時哲發論未穩者，如：《四書》定名年代問題，《四庫總目》以為「自朱子始」，此說一直為學者所引用。顧先生則通對朱子相關言論的耙梳，推知朱子所用的「四書」概念，雖然「推進了『四書』概念的傳佈」，但這個概念只是《論語》《孟子》《大學》《中庸》四部書的省稱，尚不能視之為專名。顧先生甚至還注意到，陸九淵再傳弟子錢時以《論語》《中庸》《大學》《孝經》為「四書」；又注意到，張栻的《四書解》是晚宋人將其《論語解》《孟子解》《大學說》《中庸說》彙集而成，並非張栻自己所定之名。進而，通過勾稽史料，顧先生認為，「以『四書』作為專書之名，大體出現於宋寧宗嘉定年間」。這個結論是令人信服的，這也就糾正了自清初以來就已經形成的錯誤認識。又如，關於《孟子疏》一書真偽問題，歷代爭議頗多，莫衷一是。而其中大多數學者，如錢大昕、何焯等以其並非孫奭所作，是一部偽書；余嘉錫《四庫提要辨證》則認為「姑誌所疑，以俟再考」；董洪利先生早年以其為偽書，後來觀點有所修正，亦認為很難有確切結論，「可以暫且存而不論」。以為《孟子疏》為偽書的證據，其源頭當上溯到朱子。據《朱子語類》卷十九載，朱子弟子滕璘錄朱子之語

說：「《孟子疏》乃邵武士人假作，蔡季通識其人。……其書全不似疏樣，不曾釋出名物制度，只繞纏趙岐之說耳。」朱子之論語焉未詳，且並無上下文作鋪墊，也並沒有提及孫奭的名字，我們也就根本無從知曉，朱子所謂的這個《孟子疏》是不是我們通常所見的，後來又收入《十三經注疏》的那部《孟子疏》。也就是說，朱子言之鑿鑿，即使確證如此，但並不能據以定《十三經注疏》中的《孟子疏》為偽。顧宏義先生別闢蹊徑，從《金史·選舉志》中找到金朝科舉教材「《孟子》用趙岐注、孫奭疏」的記載，指出，「題名孫奭《孟子疏》也應至遲在北宋末之前已在社會上流傳」，「無明確史料證明其非孫奭所撰」。同時，顧先生還為朱子之論提供了一種可能性：「當時傳世之《孟子疏》，乃已經邵武士人的修訂加工，而其文字時有粗陋、或有與原義相戾者，因不合朱熹之意，而獲得如此劣評。」從立論依據來看，這個結論比較穩妥。

《論考》一書對宋代《四書》文獻的注釋體例作出分析，對宋代《四書》文獻的著者可考者 432 人的年代、地域分佈、身份背景等情況分階段作出考察，對宋代《四書》文獻的出版與傳播問題的探究，對宋代經筵《四書》講義的考辨等，都是前賢時哲未曾研究過的問題。這充分體現出顧先生獨特的學術眼光，同時也使《論考》一書具有獨特的學術價值。

宋代《四書》文獻頗多，朱彝尊《經義考》著錄 516 種，然而其中存在一些錯訛，比如遺漏、重複著錄、時代錯置、錯誤著錄等情況。在《論考》下編中，顧先生勾稽史料，對《經義考》糾謬補缺，共得書目 783 種，並依《經義考》體例而略作改變，逐書逐人對其加以考辨。其所考辨者，包括著者生平、學術淵源、著作的卷數及序跋、歷代書目的著錄，以及版本存佚與館藏情況等，有時還附有顧先生的按語，頗有「辨章學術，考鏡源流」之功。其對《經義考》著錄謬誤之處加以更正者，如薛季宣《大學說》，《經義考》以為其亡佚，而實存於《浪語集》中，並未亡佚；牟子才《四書易編》，實則為《四尚易編》；《刺刺孟》一書的作者劉章，前人皆認為是金朝人，而顧先生則考證其為南宋初年人等等。這頗見顧先生的學術功力。《論考》中於此 783 部書考辨詳細，具有的很強的學術性，同時，該書廣泛搜集，鉅細靡遺，亦具有很實用的工具性。一編在手，整個宋代的《四書》文獻書目也就可以了然於心。《論考》書後附有著者索引，便於按圖索驥。只是，若能再單獨編製出書目索引，那就更加方便學者利用了。

《四書》在中國歷史上產生過重要影響，然而，學界對於《四書》學的

研究相對不足，以至於一些不正確的認識至今仍未得到糾正。比如，筆者見過許多學者撰文立說時，言及宋代時《四書》已經取代了《五經》的地位。這恐怕與事實並不相符，《四書》傳播廣泛、普及面廣，其學術地位較之前代有所提高，並不能說明《五經》的地位就有所下降了。《四書》從來沒有，也不可能去取代《五經》的地位，其道理其實很淺顯很直白。二程曾說過：「《論語》《孟子》既治，則《六經》可不治而明矣。」這只是為了突出《論語》《孟子》的重要性，而並沒有以《四書》取代《六經》的意思。南宋大儒朱子的這句話，是我們耳熟能詳的，也是理學家所廣泛認同的：「《四子》，《六經》之階梯；《近思錄》，《四書》之階梯。」這就很明白地揭示了《四書》與《五經》（《樂經》，或說亡佚不存，或說有樂無書，故而言「六經」，實則只有五經。）之間的關係，治《四書》只是一個階梯而已，其最終旨歸還在於治《五經》。本來，經學家都認為，《五經》皆與孔子有關，其中蘊含著宇宙義理和聖人大道。而《四書》，除《論語》中有部分是孔子弟子記錄的孔子言論外，其餘都是孔門後學的著述，因而，也就不可能與《五經》等量齊觀。這樣才與理學家的道統觀相符合。而這一點，我們從顧先生的研究中也可以看出。首先，前文已經提及，《論考》中指出《四書》定名已是南宋末年，籠統地講宋代，不夠嚴謹。其次，從《論考》的下編，我們可以看出宋代《四書》學文獻數量眾多，但是質量參差不齊，除了兼治《五經》的大學者，如二程、張載、張栻、朱子、呂祖謙等人外，很多專治《四書》的學者都是名不見經傳的，其成就並不宜高估。很多學者是因為學力不足，可以治《四書》，而無有能力去治《五經》，但這並不能說明，在他們心目中，《四書》已經取代《五經》。這本該是常識，然而卻有著如此的誤解，這就更加顯得《四書》學研究的不足，以及《論考》一書的學術價值所在。我們期待有更多學者參與到《四書》學的研究中，亦期待相關專家可以循此一路，完成元明清三代《四書》文獻的研究與考證，而這將勢必會使得《四書》學的研究更上層樓。

（本文原刊於《古籍新書報》，2015 年 7 月 28 日。
刪節版以《「四書學」研究的重要創獲——評顧宏義先生〈宋代《四書》文獻論考〉》，刊於《中華讀書報》，2015 年 7 月 1 日第 15 版。）

神話學視野下的《山海經》新注
——評袁珂先生《山海經校注》

　　《漢書・藝文志》著錄「《山海經》十三篇」，《隋書・經籍志》著錄「《山海經》二十三卷」，下小字注明此書爲「郭璞注」。《隋志》又說《山海經》爲漢初蕭何所得，「相傳以爲夏禹所記」。漢代劉歆曾校此書。至宋代《崇文總目》、《郡齋讀書志》、《直齋書錄解題》等皆著錄《山海經》爲十八卷，今本《山海經》十八卷，至遲於宋代編《崇文總目》之前開始定型，而宋人尤袤又對此書進行過校定。其與《漢志》所錄的十三篇本、《隋志》所錄的二十三卷本之間的差異如何，已不得而知。今本《山海經》分爲《山經》五卷和《海經》十三卷兩部分，分別以諸山諸海爲點，描述各地風土，同時串聯起眾多神人怪物，可以增廣異聞。

　　因《山海經》一書的性質，前人對其注釋並不多，綜二千年歷史，也不過就聊聊數部而已，且多爲清代著作。舉其著者，則主要有晉郭璞《山海經傳》、明楊慎《山海經補注》、清吳任臣《山海經廣注》、郝懿行《山海經箋疏》等幾部，其中以郭璞注和郝懿行疏最爲著名。不過，前人的注釋，無非是明訓詁、校訛字，並在此基礎上考史證事而已。袁珂先生這部《山海經校注》則不同，它是新時期，現代學術意義下的新注。該書將《山海經》當作一部神話專著，從而在神話學的視野下進行校勘和注釋，這與古人舊注有著本質區別。該書於 1980 年在上海古籍出版社出版，甫一出版，就受到學界廣泛重視和一致好評，並在海外如日本、法國等地都形成了廣泛影響。此後，又於1993 年在巴蜀書社出版了增補修訂版，改正了初版中的一些錯誤。1991 年，

袁珂先生又在貴州人民出版社出版《山海經全譯》一書，其中又有一些新的
見解。舊籍難覓，《山海經校注》早已脫銷，現在，後浪出版公司在袁珂先生
作古十餘年後，又據袁珂先生遺稿出版了本書的最終修訂版，對前兩版中的
一些錯誤有所勘正，這是一件非常有意義的事。綜言之，本書優點有四：

一、立足在神話學視野下的校注

《山海經》一書，《漢書·藝文志》列入數術類形法家，因其「大舉九州
之勢以立城郭室舍形，人及六畜骨法之度數、器物之形容以求其聲氣貴賤吉
凶」〔註1〕。《隋書·經籍志》列入史部，「以備地理之記」〔註2〕。宋晁公武
《郡齋讀書志》、陳振孫《直齋書錄解題》皆列《山海經》於史部地理類，而
《四庫總目》則列其於子部小說家類異聞之屬。

時勢變遷，學術推移。在現代學術體系下，一改傳統學術體系局限於經
史子集四部的封閉格局，《山海經》被定性作一部神話專著。這較之傳統學
術，有著本質的區別，也解決了許多舊注無法解決的問題。袁珂先生致力於
神話學研究數十年，出版過多部神話學專著，這部《山海經校注》是他在神
話學研究的豐厚積澱基礎上撰寫而成的，其成就自然不可小覷。而這部立足
於神話學視野下的校注，將《山海經》納於神話範疇加以觀照，也解決了一
些前人無法解決的問題。比如《山海經·西山經》中的「帝江」，袁珂先生
以爲即是帝鴻，亦即黃帝。而《大荒東經》又說「帝俊生帝鴻」，很顯然二
說矛盾。袁珂先生對此現象解釋道：「神話傳說之紛歧，每每如是，無足異
也。」〔註3〕在神話傳說中，有不同的系統，它們之間往往有交集而又歧見
錯出，所以不能相互對照起來，以論是非對錯。袁珂先生將這兩個帝鴻納入
神話學視野下觀照，很自然地解決了二者相異的問題。又如，《海外西經》
中的女祭、女戚，袁珂先生以爲「當是女巫祀神之圖像」〔註4〕。還如，對
夏后啓神話的梳理，對「羿射十日」故事的分析，對諸神話中帝俊形象不能
彌合所作出的解釋，對夸父神話中郭璞以玄理解釋神話的糾正，對鯀禹治水
神話的辨析，〔註5〕皆是在現代學術體系下，才可能產生的見解。而這個神

〔註1〕 （漢）班固撰，（唐）顏師古注：《漢書》，北京：中華書局，1962年，1775頁。
〔註2〕 （唐）魏徵，（唐）令狐德棻撰：《隋書》，北京：中華書局，1973年，第988頁。
〔註3〕 袁珂：《山海經校注》，北京：北京聯合出版公司，2014年，第50頁。
〔註4〕 袁珂：《山海經校注》，第198頁。
〔註5〕 袁珂：《山海經校注》，第193～194、232～233、296、360、396～397頁。

話學視野，正是本書一個值得特別稱道之處。

此外，前賢對《山海經》所做的舊注，有很多可取之處。但是其中亦有缺點。比如，東晉人郭璞以玄理解《山海經》，後人則結合人事解釋《山海經》，從而對《山海經》中一些怪異的神話無法作出解釋；戰國以後，神話逐漸被歷史化，後人解《山海經》，常將神話或傳說中的人物與歷史人物對應起來，這樣就經常會出現前後矛盾之處。袁珂先生對前賢的這些缺點有著深刻的認識，他批評道：「古代學者於神話缺乏理解，恒以哲學玄談或人事現象釋之，宜每扞格而難通也。」又緣《山海經》「駱明生白馬」而發論曰：「犬馬既俱生物，則經所記者，自是神話，何可以歷史律之乎？以歷史釋神話，宜恒扞格面難通也。」〔註6〕這也是將舊注置於神話學視野下來審視，才產生的高見。

二、對《山海經》文本的精密校勘

所謂：「書非校不能讀也。《山海經》一書，漢人劉歆嘗校之。後歷近兩千載，輾轉傳抄、手民誤刻在所難免，以致訛誤滿紙，影響研讀。袁珂先生在本書中，花了許多心力，對《山海經》一書作了精密的校勘。這主要表現在以下幾個方面：

第一，注重版本，常據宋本或精校本來校勘通行本中的訛誤。如，《西山經》中的「實爲帝江」，袁珂先生校曰：「宋本、毛扆本作實惟帝江，於義爲長。」〔註7〕這就校正了原文訛「惟」作「爲」的錯誤。

第二，採用他校法，據他書，特別是類書以校今本訛誤。《山海經》中的一些內容爲他書轉引，這是校勘此書必須要考慮到的。袁珂先生對此也比較關注，經常採用他書來校《山海經》文本，比如採用《文選》李善注、《文選》薛綜注、《史記正義》、《水經注》、《後漢書》劉昭注等等文獻來加以校勘。〔註8〕本書的校勘對類書特別重視，常用《藝文類聚》、《太平御覽》等來校勘《山海經》文本。

第三，據注釋以校正文。本來，注釋是對正文文本的解釋，也就可以與正文相對應。若注釋與正文不符，有的時候可能是正文有誤。特別是正文文本有爭議的地方，注語在校勘中的價值就尤其能得到體現。據注釋以校勘正

〔註6〕 袁珂：《山海經校注》，第 379、390 頁。
〔註7〕 袁珂：《山海經校注》，第 50 頁。
〔註8〕 袁珂：《山海經校注》，第 120、31、95、121、121 頁。

文的錯訛之法為清儒所常用，他們用此法校出了不少前人未曾發現的錯誤。郭璞對《山海經》所作的注，正可以作為校勘《山海經》文本的資料。袁珂先生在《山海經校注》的校勘中，對郭璞注有著充分利用，比如，《海外西經》「先入伐帝，於此取之」，王念孫已經指出，《太平御覽》所引一作「先人代帝，於此取衣」，一作「聖人代立，於此取衣」。袁珂先生校曰：「據郭注，作『聖人代立，於此取衣』是也。孫星衍校亦作『聖人代立，於此取衣』。如此始與郭注相應。」〔註9〕此校可從。

　　第四，對前人校勘廣泛採擇，並加以疏釋、補證或訂正。袁珂先生《山海經校注》對前人，如郭璞、毛扆、黃丕烈和周叔弢、何焯、王念孫、畢沅、孫星衍、郝懿行等人的校勘成果盡可能吸收，擇其善者而從，這就盡最大可能保證了此書更加符合原書舊貌。不寧唯是，前人校勘記中一些不太容易被今人理解地方，袁珂先生則加以疏釋；而若前人校勘記略有不足，袁珂先生則加以訂正。比如，《南山經》中的「發爽之山」，郭璞說「爽」字「或作䡅」。袁珂先生校曰：「吳任臣本、《百子全書》本、宏道堂本䡅均作喪；䡅同喪，見《廣韻》。」〔註10〕䡅、喪本同字，是隸定時產生的異體。袁珂先生補充了其他版本的異文，並引《廣韻》之說，這就彌合了二者之間的差異。有些地方，前人提出了校勘的意見，袁珂先生再為之提供補充的證據，比如《西山經》的長留之山，郝懿行以為「長留或作長流」，因為《顏氏家訓》和《帝王世紀》中有長流之山，而留、流字通。袁珂先生據《太平御覽》卷三八八引作「長流之山」，為郝說提供補證。至於訂正前人之校，如運用甲金文材料，對《海外西經》中「形天」王念孫校的訂正，並提出自己的看法：當作「刑天」，而「形夭」亦可通，惟「形天」、「刑夭」不可通。〔註11〕此可備一說。

　　第五，對於前人未校出的地方加以校勘，而對一些無法判斷的地方，則不輕易下斷語。如，《西山經》：「凡《西次三經》之首，崇吾之山至於翼望之山……。」此處前人無有校語，而袁珂先生校曰：「經文崇吾之山上當脫自字。」〔註12〕此校甚是。本書前文「凡䧿山之首」、「凡《南次二經》之首」、「凡《南次三經》之首」、「凡《西經》之首」、「凡《西次二經》之首」，後文「凡《西次四經》之首」、「凡《北山經》之首」等等，下都言自某山至某

〔註 9〕袁珂：《山海經校注》，第 205 頁。
〔註10〕袁珂：《山海經校注》，第 15 頁。
〔註11〕袁珂：《山海經校注》，第 196～197 頁。
〔註12〕袁珂：《山海經校注》，第 50 頁。

山，唯獨此處無「自」字，很明顯是脫去此字。還如，《北山經》中「東流於濁漳之水」，袁珂先生校曰：「經文東流下疑脫注字。」〔註13〕亦有本經自證，其說可成定讞。有一些地方，他書有異文，但是無從判別他書異文與今本之間的是非對錯，袁珂先生則謹慎其事，僅出校語，不加判別。比如，《西山經》「其中多藻玉」，袁珂先生說：「《初學記》及《御覽》引此經多藻玉並作有藻玉。」〔註14〕

三、對《山海經》的準確訓詁

凡治舊學，其途有二：一為校勘，二為訓詁。此書名曰校注，故通訓詁亦與校文字一樣，為袁珂先生的重要關注點。袁珂先生對《山海經》中一些難以理解的詞語及神話故事加以訓解，對前人的注釋加以疏通，更便於今人的理解。這主要體現在：

第一，廣泛採擇前人注釋，擇善而從。在《山海經校注》中，袁珂先生對前人，如郭璞、楊慎、王崇慶、吳任臣、汪紱、郝懿行、王念孫、吳承志等注釋《山海經》的訓詁成果精加採擇。不僅如此，凡與神話有涉的文獻，袁珂先生均盡量採用，以豐富其注釋，如《逸周書》及孔晁注、《楚辭》及王逸注、《淮南子》及高誘注、《說苑》、《論衡》、《風俗通義》、《搜神記》，甚至唐人段成式《酉陽雜俎》之類，皆為袁珂先生所用。

第二，對前人注釋加以申述、疏通。如，《西山經》之「平圃」，郭璞注曰：「即玄圃也。」袁珂先生申述郭璞之說曰：「玄圃，《穆天子傳》、《淮南子·墜形篇》作縣圃，玄、縣聲同，古字通用。」〔註15〕此說甚是，正可為郭璞說作證。玄、縣古字通假，可參高亨先生《古字通假會典》「玄與縣」條。〔註16〕

第三，提出自己新穎而獨特的見解。在《山海經校注》中，袁珂先生所作的訓詁可謂是新見迭出，比如，袁珂先生提出：「《山海經》所載未著主名之『帝』，皆天帝。除《中次七經》『姑媱之山，帝女死焉』之『帝』指炎帝，《中次十二經》『洞庭之山，帝之二女居之』之『帝』指堯，《海外東經》『帝

〔註13〕袁珂：《山海經校注》，第 84 頁。
〔註14〕袁珂：《山海經校注》，第 30 頁。
〔註15〕袁珂：《山海經校注》，第 29 頁。
〔註16〕高亨纂著，董治安整理：《古字通假會典》，濟南：齊魯書社，1989 年，第 75 頁。

令豎亥』之『帝』指禹而外，餘均指黃帝。」〔註17〕這個解釋可從。實際上，這些解釋還附帶揭示出《山海經》並非一時一地之作，其文獻來源具有不同的歷史層次。

第四，能將本書前後文內容互相照應。有些動物、人物或地名不止一次出現在《山海經》中，袁珂先生在訓詁時能前後兼顧，加以對照。比如，對《西山經》鹿臺之山中白豪的解釋，袁珂先生說：「豪即豪彘，已見上文竹山。」〔註18〕又如，對《大荒西經》中祝融的解釋，袁珂先生說：「據《海內經》，祝融乃炎帝之裔，據此經則又為黃帝之裔（此經祝融為顓頊孫，《海內經》顓頊為黃帝曾孫，故云），亦傳聞不同而各異其辭也。」〔註19〕按理祝融一人不可能既是炎帝的後裔，又是黃帝的後裔。袁珂先生從神話學的常識出發，作出的解釋彌合了二者之間的矛盾之處，同時也揭示出今本《山海經》中有些內容可能還有來自不同的神話系統。

四、對前兩版《山海經校注》錯誤的修正

《山海經校注》的前兩版存在一些小問題，特別是引用《山海經箋疏》的文字，沒有做好校對工作。據本書編輯透露，本次出版的最終修訂本通過校對《山海經箋疏》，改正了巴蜀書社本訛文、脫文、衍文之類的錯誤數十條。比如《中山經》昆吾之山，「其上多赤銅」，郭璞注「以之作刀」，巴蜀書社本作「以之作刃」；《中山經》青要之山，「北望河曲，是多駕鳥」，巴蜀書社本脫去「北望河曲」四字；郭璞《注山海經敘》「陰鼠生於炎山」，正與上句「陽火出於冰水」對仗，而巴蜀書社本卻訛作「除鼠」。〔註20〕諸如此類，不勝枚舉。此雖為細事，但終究影響閱讀。校對工作頗為瑣碎，而這也正是編輯盡心盡力之體現。

袁珂先生黽勉其事，集數十年功力以校注《山海經》，其成就早為學術界公認。此書又經過作者本人的修訂和出版社精密校對，更是精益求精。然而百密一疏，其間亦有一些值得商榷之處，比如存在誤校和誤訓的地方，這裡也貢獻出來，以供學界參考。誤校之處，如，《南山經》「食之已痔」，袁

〔註17〕袁珂：《山海經校注》，第 251～252 頁。
〔註18〕袁珂：《山海經校注》，第 32 頁。
〔註19〕袁珂：《山海經校注》，第 334 頁。
〔註20〕袁珂：《山海經校注》，第 114、116、399 頁。

珂先生校曰：「《太平御覽》引此經已痔作爲痔，並引郭注云，爲，治也。」〔註21〕此校非是。其一，在《山海經》中，《西山經》中亦有「食之已痔」，《中山經》中有「食之已痔同」；〔註22〕其二，《山海經》中食之已病之詞習見，如食之「已心痛」、「已聾」、「已疥」、「已癘」、「已癭」、「已癉」、「已疣」、「已腹痛」、「已嘔」、「已白癬」、「已瘋」、「已痤」、「已風」、「已瘧」、「已腫」、「已疽」等；其三，雖然爲可訓治，但「爲痔」指治痔顯然不大恰當，這個詞更可能指生痔瘡。誤訓之處，如，《西山經》之「嬰以百珪百璧」，袁珂先生先引郭璞注曰：「嬰謂陳之以環祭也；或曰嬰即古罌字，謂盂也。」並下案語道：「江紹原《中國古代旅行之研究》第一章注〔一〇〕云，嬰係以玉祀神之專稱，其說近是，可供參考。」〔註23〕其實，江紹原說不確，此嬰非某種祭祀之專稱。《說文》：「嬰，頸飾也。」可活用爲動詞，指繫於頸項，如《荀子·富國》：「是猶使處女嬰寶珠。」楊倞注：「嬰，繫於頸也。」正是其義。繫於頸，又可引申爲纏繞，正與郭璞注合。郭璞注所說的「祭」，是嬰在此處的語用義，非其字面義。

　　毋庸諱言，我們的學術研究一度受西方話語體系的影響，在我們的神話學研究領域亦是如此，沈雁冰先生、袁珂先生等著名學者皆不能例外。這種情況在袁珂先生《山海經校注》里也有一定程度的反應。此外，現在已經新出土有許多材料，特別是楚地文獻，其間所反應出的先民的自然觀、宇宙觀等信息，這些材料以及《山海經》、《穆天子傳》等文獻的整合研究，對先秦兩漢時期神話學研究可以有很好的拓寬和補充。在這個意義上說，袁珂先生的這部《山海經校注》亦並非盡善盡美，《山海經》的校注工作還有繼續進行下去的必要。當然，儘管袁珂先生這部最終修訂版的《山海經校注》仍略有缺憾，但是瑕不掩瑜，這並至於不影響到本書的學術價值和袁珂先生在神話學上的成就。而從某種意義上說，袁珂先生可謂是《山海經》之功臣！重視本土的學術話語系統，致力於建構符合中國特色的學術研究體系，這是我們現在學術研究的大勢，也是我們這輩學者的使命。學術研究，必須要立足文獻本身，特別是傳世文獻本身，〔註24〕因此，我們要奮力前行，繼承袁珂先

〔註21〕袁珂：《山海經校注》，第14頁。

〔註22〕袁珂：《山海經校注》，第26、111頁。

〔註23〕袁珂：《山海經校注》，第29頁。

〔註24〕比如，袁珂先生在《山海經校注》中諸多的分析。又如，董治安先生《從上

生的學術精髓，回到文獻本身，對《山海經》作更深入的研究，這樣才可能在前賢的基礎上有所超越、有所開拓。

（原文刊於《歷史文獻研究》第 34 輯，華東師範大學出版社，2014 年）

古神話到歷史傳說——談羿和后羿故事的演變》一文，對傳世文獻中「羿」和「后羿」這兩個人物形象相同點和不同點作出的細緻而具體的考察和梳理，釐清了學者在此問題上的一些誤解。參看董治安：《從上古神話到歷史傳說——談羿和后羿故事的演變》，《山東大學學報》（哲學社會科學版），1991年第 3 期，第 24～29 頁；又收氏著《先秦文獻與先秦文學》，濟南：齊魯書社，1994 年，第 399～409 頁。

古器物著錄的典範之作
——兼談金城版《美國所藏中國銅器集錄》

一

中國目錄之學發達，至遲可以上溯到漢代。現在可知的最早的目錄學著作是漢代劉向、劉歆父子在奉詔校書時分別撰寫的《別錄》《七略》。二書早已不存，清儒馬國翰、洪頤煊、姚振宗等人有輯本。班固的《漢書‧藝文志》是現在可見的最早且最完整的目錄學著作，它以劉歆《七略》爲藍本。當然，這些目錄學著作只是專門著錄書籍的。

時遷代移，古器物不斷重現人世，爲藏者所寶，文人墨客或有吟詠。與此同時，古器物在考經證史上的學術價值逐漸爲學者所關注，對它們的著錄工作也逐漸展開。《史記》中就錄有秦始皇刻石的文字，而現在可知的最早著錄古器物的專書，當是梁陶弘景所撰《古今刀劍錄》。該書一卷，「記帝王刀劍，自夏啓至梁武帝，凡四十事；諸國刀劍，自劉淵至赫連勃勃，凡十八事；吳將刀，周瑜以下，凡十事；魏將刀，鍾會以下凡六事」（《四庫全書總目‧古今刀劍錄提要》）。不過，該書僅僅是簡單的文字介紹，以寥寥十數字說明刀劍的主人、形制和銘文。

金石學作爲中國傳統學術的重要一支，在宋代呈現出蓬勃發展的態勢。古器物大量出現在學者的視野中，學者也有意識地將其用於學術研究，同時，對古器物自身的著錄和研究工作也在逐漸推進。朱劍心《金石學》謂：「其間私家藏器，莫先於劉敞；而爲古器之學，及著錄所藏者，亦自敞始。」劉敞

就自己收藏的十一器，摹文圖象，撰爲《先秦古器記》。此後，有歐陽修《集古錄》、王俅《嘯堂集古錄》、趙明誠《金石錄》、薛尚功《歷代鍾鼎彝器款識法帖》、洪适《隸釋》《隸續》等，是我們所熟知的著錄金石文字的名作。除趙明誠《金石錄》外，另外幾部書都有對金石文字的摹寫，並加以釋文，有的還加以考證。此外，呂大臨《考古圖》及《續考古圖》、王黼《宣和博古圖》更值得表出。三書在既有著錄項目之外，更繪出器物的形制，這是金石著錄的一大進步。

馴至有清，稽古右文，學術發達。由於帝王喜好，上施下效，金石學進入鼎盛發展的階段。乾隆敕撰《西清古鑒》《西清續鑒》《西清硯譜》《寧壽鑒古》，古器物著錄一時蔚爲大觀，內容和形式上較之前代皆有所進步。如《四庫全書總目·西清古鑒提要》云：「以內府庋藏古鼎彝尊罍之屬爲圖，因圖繫說，詳其方圓圍徑之制、高廣輕重之等，並鉤勒款識，各爲釋文。其體制雖仿《考古》《博古》二圖，而摹繪精審，毫釐不失，則非二圖所及。其考證雖兼取歐陽修、董逌、黃伯思、薛尚功諸家之說，而援據經史，正誤析疑，亦非修等所及。」此說雖略有溢美之嫌，但大體屬實。此後，古器物著錄不斷發展，歸納起來，主要表現在：著錄的書目眾多，品類更加豐富，內容更加完善，圖象更加精審。隨著技術的不斷革新，至晚清民國時期，拓片技術，特別是全形拓技術逐漸用於著錄之中，這就解決了原先摹畫中器形和文字失真的問題，比如吳大澂《愙齋集古錄》、張元濟《清儀閣所藏古器物文》等。當然，其中也存在一些問題，比如僞器雜廁其間，著錄項目不夠科學、系統等。

民國時期，風雲際會，學術丕變，中國學術開始由古典時代向現代的轉型，新的學術範式逐漸建立起來。在李濟等人的推動下，傳統金石學開始向現代考古學邁進。在古器物著錄領域，一些老派學者還延續傳統，採用傳統的著錄方法的時候，陳夢家以其深厚的學養和遊歷歐美的便利，開始刻意搜集流散海外的中國青銅器資料，並有意識地從現代考古學視野下探索青銅器的著錄體例。

1939 年，陳夢家應北平圖書館館長袁同禮之邀，編輯整理《海外中國銅器圖錄》。當時使用的是國外寄來的照片，資料雖不甚全面，但卻開啓了陳夢家探索古器物著錄體例的歷程。此後的 1946 年，他與芝加哥藝術館的凱萊合著《白金漢所藏中國銅器圖錄》，可算是陳夢家對於青銅器著錄體例的再一次

嘗試；而 1947 年勒成的《美國所藏中國銅器集錄》，著錄體例已經完善，堪稱古器物著錄的典範之作。

二

在中國現代學術史上，一些人是以作家和學者的雙重身份登場的，他們既有巨大的文學成就，也有重要的學術貢獻。比如胡適、錢玄同、劉半農等人，在治學的同時，積極推行新文化運動，用白話文創作了大量文學作品。又如魯迅，在創作大量小說、散文、雜文的同時，撰寫了《漢文學史綱要》，輯錄了《古小說鉤沉》，皆為學者所推重。此外，還有一些詩人兼學者，如郭沫若、聞一多、陳夢家等，詩歌創作與學術研究雙峰並峙。郭沫若早年創作《女神》，在現代詩歌史上具有重要的地位，而他在考古學、歷史學、古文字學等領域的學術成就也是學界所公認的。聞一多，新月派代表詩人之一，提出詩歌創作要注重「音樂美、繪畫美、建築美」的主張，而在學術研究方面，他用文化人類學方法研究《詩經》《楚辭》等，取得了重要的成就。陳夢家亦是如此。

陳夢家，1911 年生人。1930 年，年僅 20 歲的陳夢家還在中央大學法律系讀書時，就受到新月派詩人聞一多、徐志摩的影響，加入新月派，創作了大量的詩歌，進而成為後期新月派的代表詩人。同年，陳夢家發表了《詩的裝飾與靈魂》一文，提出了自己詩歌創作的理論主張，認為詩歌抒情的重心在於表現「靈魂的戰慄」。陳夢家積極探索詩歌創作形式、思考詩歌創作理論，並用於詩歌創作實踐中。1931 年 1 月，即由上海新月書店出版了《夢家詩集》。此外，他還編選了《新月詩選》，編輯了徐志摩的遺集《雲遊》等。

1934 年 1 月，陳夢家入燕京大學研究院，師從容庚、唐蘭，攻讀古文字學專業研究生。1936 年 9 月，陳夢家獲碩士學位，留校任教。從此，他正式開始了古文字學和考古學的學習與研究。1944 年秋，經哈佛大學費正清教授和清華大學金岳霖教授引薦，陳夢家赴美國芝加哥大學開設中國古文字學課程，至 1947 年 9 月回國，共 3 年多時間。

近代以來的中國，戰亂頻仍，不少傳世或出土的文物流散海外。敦煌文獻的流失是我們所熟知的，青銅器也有不少流散海外，特別是日本、歐美等地。出於知識分子的使命感和責任感，陳夢家在美國授課之餘，多次前往北美各地尋訪流散的中國青銅器。博物館、美術館、圖書館、高校及其他公藏

機構，私人收藏家和古董商販等，凡有可能收藏中國青銅器的地方，他都盡力去尋訪，共搜集到超過 2000 器。他記錄下這些器物的尺寸，並儘量獲得器物與銘文的照片或拓片等資料，爲著錄這些流散海外的中國文物作準備。《美國所藏中國銅器集錄》一書就是利用這些資料勒成。

《美國所藏中國銅器集錄》共收 32 類 845 器，照片 1300 餘幅，拓片 500餘件。在技術上，本書較以往著錄有了諸多改進，如運用新技術，爲器物拍攝照片。他曾自述，爲拍好器物照片而專門鑽研過照相技術。有些時候，陳夢家也親自動手打製拓片。陳夢家是古文字專業出身，故而在銘文釋讀上，較之前賢更進一步。在著錄體例上，本書在繼承以往著錄圖象、尺寸、出土地、藏家及考釋的傳統的同時，注重器物分類、斷代，並能與考古材料相結合，進行更爲科學的考釋，已經形成了一個科學的、系統的體系。

本書所收器物，首先按照器物名稱分類，在每一大類之下，又據實際情況按照器物形制分以小類，比如鼎分 9 小類，觶分 4 小類，壺分 10 小類等。每器著錄 8 項，各項有則著錄，無則闕如。第 1 項，器物圖象的既有著錄。第 2 項，銘文的既有著錄，以及銘文拓片在本書中的編號。這兩項著錄，陳夢家下了相當的材料工夫，考察是否有著錄，著錄在何處，爲使用者提供了很大的便利。第 3 項，著錄器物的尺寸，包括通高、口徑、寬度和長度。這一項是前人著錄中固有的，不過，前人多以舊制的尺、寸爲單位，本書則以釐米爲單位，爲新制。第 4 項，按原款式著錄銘文的行數、字數及隸定後的釋文。這也是沿襲前人的著錄，不過，陳夢家有著出色的古文字功底，文字隸定較前人更爲準確。第 5 項，著錄器物的大致年代。陳夢家主要根據形制、紋飾、銘文、出土地點以及與同類型器物相對照來判斷，較前人更加科學。第 6 項，器物的遞藏情況。第 7 項，器物當時收藏的所在之處。陳夢家特別說明，此項著錄的截止時間是 1947 年夏，也就是他歸國之前。第 6、7 兩項所具的學術價值，不爲前賢的著錄所重視，本書特意揭出，這也是本書體例上超越前賢著錄之處。第 8 項，著錄其他事項，如器物現狀、相傳的出土年代與地點、銘文的簡要考釋、器物形制與紋飾特點的說明等。

採用這樣的體例，可以完整地反映出青銅器的相關信息，這也是陳夢家對青銅器著錄方式的思考與實踐：一是分類。著錄時，應該分別部居，以類相從。同類器物，還要再按照是否同族而分不同組別。二是分期斷代。著錄時，應該注重年代學，而分期又不宜過細。要注重器物紋飾、形制的演變在

斷代中的意義。三是地域特徵。這種基於考古學視野之下的更爲科學的著錄方式，是陳夢家對於考古類型學的自覺實踐。當然，陳夢家的這些思考，是以他對於器物本身有著精深研究爲前提的。

此後，學者所作的古器物著錄之書，在細節上可以做到更精密，考證上可以做到更科學，而大體內容則是沿襲《美國所藏中國銅器集錄》的著錄體例。比如 2012 年出版的吳鎮烽《商周青銅器銘文暨圖象集成》，其著錄體例，也基本上是在沿用本書的體例。也就是說，本書作爲一部典範的古器物著錄之作，不但在青銅器研究領域有重要意義，而且在古器物著錄體例上有奠基之功。

三

1966 年 9 月 3 日，詩人、學者陳夢家「坦然將末一口氣傾吐，靜悄悄睡進荒野的泥土」，去到「再也沒有嫉妒」的他所貪圖的「永靜的國度」，「從此永久聒靜的安睡」。（陳夢家詩《葬歌》）今年是陳先生誕辰 105 週年、逝世 50 週年，金城出版社再版《美國所藏中國銅器集錄》一書，以紀念和緬懷這位古人，是一件很有意義的事。

《美國所藏中國銅器集錄》，通常簡稱爲《美集錄》，約在 1947 年 6 月編成。當年 9 月陳夢家歸國，赴清華大學任教。1952 年，轉中國科學院考古所工作，任研究員。《美集錄》一書，遷延至 1956 年方修訂完成，而出版，則又遷延至 6 年之後了。1962 年，《美集錄》以《美帝國主義劫掠的我國殷周銅器集錄》爲題，由科學出版社出版，編者署名爲「中國科學院考古研究所」。此書內部發行，印量很少，早已不能滿足學界需要。今次本書出版新版，頗有功於學林。

去年初，本書責任編輯約我審校本書文字。出於對陳先生的崇敬，我義不容辭。本書的二位責編與我就新版在體例上的考慮是一致的：我們在最大程度地遵循陳先生學術思想的前提下，進行重新編校。也就是說，出版時，對原著的內容、觀點，不作任何更動，只作適當的技術性調整，而不敢有任何續貂之舉。

千慮一疏，加之半個世紀以來，考古學飛速發展，新材料、新成果不斷湧現，本書中一些觀點、判斷難免有失當之處。文物流轉，難以盡悉，所錄器物藏地多有變化。這兩點料讀者諸君已然慮及，無需贅言。而需要特別向

讀者諸君說明的是，本次新版所作技術性調整，主要有：

1. 形式上的變動。本書原版文字說明在前，隨後是銘文拓片或照片，最後是器物圖象。新版為便於學者的查閱，將器物圖象與文字說明置於一對頁之中。至於多出的器物局部圖象，則置於下頁。文字說明之上，是有銘器物的銘文拓片或照片，供讀者與釋文對照使用。

2. 文字的核校。早年的出版物，疏於校對，多有錯別字、用字不統一、不規範等問題。本次出版則儘量改正，以符合當今出版規範。舊字形統一改為新字形。錯別字者，如 A751 器第 5 項，原版作「戰國脫期」，新版改作「晚期」等。用字不統一者，如原版中 A12 器第 7 項著錄為「布倫代奇」，而 A28 器第 7 項著錄為「布倫代基」，新版統一為「布倫代奇」。用字不規範者，如原版用「圖象」「花文」，按照現在的文字規範，當用「圖像」「花紋」，新版中一律改為通行的規範用字。

3. 標點符號的改正。原版專名線、波浪線多處失標，亦偶見專名線與波浪線混淆；英文書名未用斜體，篇名未加引號；等等。這些在當時出版物中或許不是問題，但不符合當今的出版規範。新版中一律按通行標準加以改正。

4. 改善圖像質量。因當年技術條件所限，原版紙張、印刷、裝幀方面均不盡如人意，特別是圖像質量不夠高。新版用銅版紙印刷，並在技術條件的支持下，更清晰地將器物圖像呈現出來，便於學者使用。

5. 其他技術調整。如 A736 器第 1 項，原版作「柏景寒 67-69」，核查原書，當為「72-74」，新版據以徑改。

「再沒有人跡到我的孤墳，在泥土裏化成一堆骨粉。」（陳夢家詩《葬歌》）然而，在這世上，還有陳先生留給我們的《美集錄》，以及其他著作。肉體總會消逝，文字始終不朽！

（本文原刊於《文匯讀書周報》，2016 年 10 月 31 日第 3&4 版）

「星斗其文，赤子其人」

——讀沈從文先生《花花朵朵 罎罎罐罐》

　　沈從文先生過世後，妻妹張充和女士給他的輓聯「不折不從，亦慈亦讓；星斗其文，赤子其人」，傳神地概括了沈從文的一生。

　　沈從文先生的一生，筆耕不輟，他的著作可以以 1949 年鼎革之際分為前後兩個階段。1949 年建國以前，沈從文先生是一位作家，他創作的這些小說、散文作品，使得他後來有了「文體作家」的美譽。他雖然只有小學文化程度，卻能以出色的文學創作成就使自己站上北京大學的講壇，成為教授。他的小說如《邊城》、《蕭蕭》、《月下小景》、《長河》，散文如《湘西》、《湘行散記》等，把美麗小鎮鳳凰神秘而奇特的一面展現在世人面前，也把他的溫情展現在世人面前。建國以後，因為一些原因，沈從文先生停止了他的文學創作，轉而毅然地做起了文物研究，也取得了不容小覷的成就。我們熟知的《中國古代服飾研究》就是他文物研究方面的代表作，在業內有著廣泛而深遠的影響，至今仍具有重要的參考價值。此外，他還有不少關於古代藝術與文物研究的文章散見於相關報刊、論文集之中，這本《花花朵朵 罎罎罐罐——沈從文談藝術與文物》就是這些文章的結集。

　　本書將所收錄的文章分為六組。第一組文章主要是沈先生關於自己轉行從事文物研究的一些介紹，頗具史料價值，特別是沈氏 1980 年 11 月 24 日在美國聖若望大學演講的《從新文學到歷史文物》一文，對自己的轉行經歷有著較為細緻的介紹。第二組文章主要是關於古代工藝，如鏡子、陶瓷、玻璃的介紹；以及從文物出發，對文獻中相關詞句的作出新的解釋。第三組文章

主要是關於織品的研究，既有分地域的研究，如《談廣繡》、《江陵楚墓出土的絲織品》、《蜀中錦》等；也有斷代研究，如《明織金錦問題》、《清代花錦》等；而《談染纈》則是關於古代印染工藝的研究。此外，還有一篇《談金花箋》，是關於絹和紙張的研究。第四組文章主要是關於衣飾，如馬褂、古代人的穿著、宋元時裝等的介紹與分析，還有帳子，以及古人的鬍子問題；第五組文章是關於民俗和民族藝術的介紹；第六組文章主要是關於書畫的分析，還附有一篇對北京城歷史建築的介紹。從內容上看，這些文章涉及面很廣，涵蓋了文物和古代藝術的許多方面，正所謂「星斗其文」。

沈先生對文物和古代藝術飽含深情，並體現在他的文字中，充分顯示了他「亦慈亦讓」的一面；而我們在他的文章中，可以多次讀到他要「向老師傅學習」、「求教於老師傅」等字眼，這正是其「赤子其人」的一面。而全書的筆致，則顯示出沈先生一貫的溫情，比如《湘西苗族的藝術》、《塔戶剪紙花樣》，形式上是對作者親見的湘西民間藝術的客觀介紹，而文字中卻飽含有作者對家鄉的濃濃深情。即使對別人錯誤的觀點進行批評，沈先生也是以溫婉的筆觸娓娓道來，不但不會讓人覺得有絲毫的不舒服，反而會有如沐春風的感覺。沈先生從自身的研究出發，對一些大學者的失誤有所糾正，比如，著名學者余冠英先生著《漢魏樂府選注》，宋毓珂先生則撰文對其中一些注釋提出批評。不過，這二位都存在一些問題，沈從文撰《文史研究必須結合文物》一文，以他一貫的溫情的筆致，從文物的角度加以實證研究，同時又耙梳相關文獻，對余、宋二位的錯誤加以揭示。又如，《從文物來談談古人的鬍子問題》是對著名語言學家王力先生《語言與邏輯》一文中一些錯誤說法的糾正。這些文章字裏行間流露出的溫情與沈從文寬厚待人的精神，頗值得我們學習。

沈從文先生進行的很多研究，都是開創性的，並無前人的研究作為鋪墊，可以說有篳路藍縷之功。這一點，與他早年從軍時期接觸過許多文物，有著很深的積澱不無相關，更與他敏銳的學術眼光有關。比如其中關於織物的研究，這是傳統學者不屑於研究，而製作工匠們又無有能力去研究的，沈先生卻能從中開展研究，獨闢蹊徑，從時間、空間等角度對其加以總結，得出規律性的認識，並進而在此基礎上展開更深層次的探討。他的這些研究，同時也為後人的相關研究導夫先路。

文獻研究要結合文物的實證，這是具有方法論意義的一個論斷。我們知

道，王國維先生於 1925 年在清華大學的一個演講中提出一個著名的論斷，就是古史研究領域的「二重證據法」。王國維先生說：「吾輩生於今日，幸於紙上之材料外，更得地下之新材料。由此種材料，我輩固得據以補正紙上之材料，亦得證明古書之某部分全爲實錄，即百家不雅馴之言亦不無表示一面之事實。此二重證據法惟在今日始得爲之。」這一論斷的科學性勿需懷疑，其價值也得到了學界公認。不過，我們需要注意的是，王國維先生的這一論斷是基於「考經證史」這一前提下提出的，也就是說，在王先生看來，「地下之新材料」是爲「紙上之材料」服務的，新出土的文物只是傳世文獻的附庸而已。而在新時期，隨著文物不斷增多，文物研究不斷推向縱深，考古學自身因之不斷發展而趨於成爲一門獨立的學科。這「二重證據」中，文物不應該再作爲文獻的附庸來看待，而應該是與文獻對等的。我們可以看到，沈從文先生的研究是以文物爲本位的，他同時也將文物與文獻等而視之，結合傳世文獻來研究文物，研讀文獻時又十分注重與文物知識的結合，二者沒有偏廢。比如，沈先生研究「織金錦」時，十分注意歷代正史如《史記》、《漢書》、《三國志》、《晉書》、新舊《唐書》等的記載，又引用過《鄴中記》、《唐語林》、《酉陽雜俎》等書的相關內容。

　　沈從文先生撰寫了多篇文章，多次強調文獻研究必須要結合文物知識。其中的《文史研究必須結合文物》、《「瓠瓟斝」和「點犀盉」──關於〈紅樓夢〉注釋一點商榷》、《試釋「長簷車、高齒屐、斑絲隱囊、棋子方褥」》、《說「熊經」》、《「商山四皓」和「悠然見南山」》、《談樗蒲》、《從〈不怕鬼的故事〉注談到文獻與文物相結合問題》、《從文物來談談古人的鬍子問題》等等文章，都是這方面的典範之作。沈從文先生在實際的文物研究工作中，切實地實踐了文物與文獻相結合這一主張，其中不乏眞知灼見，值得我們注意。比如，他在《「商山四皓」和「悠然見南山」》一文中，提出「商山四皓」在出土文物中都作「南山四皓」，並將其與陶淵明詩「採菊東籬下，悠然見南山」聯繫起來，這樣，對於理解此詩意境頗有建設性。考《後漢書・鄭玄傳》亦言及「南山四皓」，李賢《注》以「南山」爲商雒南山。「商山四皓」和「南山四皓」這兩個詞在傳世文獻與出土文獻中都有使用。這就提示我們，二者應該就是同一座山：「商山」指商地之山，是就其地域而言的；「南山」則是就其方位而言的。「四皓」所居的南山，是隱居地的象徵，陶淵明寫自己「悠然見南山」，正與其立志爲隱的心態相符。現在，學科劃分更爲細密，「術業有專

攻」，文物研究者往往對於文獻有所忽視，文獻學者往往對文物不夠瞭解。沈從文先生提出並實踐的文物與文獻二者不可偏廢的主張，在當下亦具有重要的現實意義。

　　本書最初由外文出版社於 1994 年出版，副標題爲「沈從文文物與藝術研究文集」，後於 1996 年再版。2002 年江蘇美術出版社再次出版本書時，將副標題改爲「沈從文談藝術與文物」；2014 由重慶大學出版社亦沿用這一副標題再版。本書一版再版，也是其學術價值爲學界所重視的體現。當然，不可避免地，正因爲沈先生的不少研究是開創性的，其中或多或少存在一些問題也很難免，這一點我們毋庸諱言。比如，他在對一些織物的斷代研究中，過度地看重其歷時性發展，而忽視了織物本身的複雜性，對於其歷史層次性的把握就會稍嫌不足。

（本文原刊於《澳門文獻信息學刊》，2015 年第 1 期）

傳承中有所創新的一種校箋新體式

——評樊波成《老子指歸校箋》

李澤厚先生在《美的歷程》中提出：「儒道互補是兩千年來中國思想的一條基本線索。」可以說，儒道互補的精神深深地烙印在漢民族的文化基因中。儒道二家思想的遠播，與其文獻的廣泛流傳息息相關。儒家文獻自不必說，其中與孔子相關的「五經」與《論語》等書，歷代傳注箋疏不可勝數。從現存的歷代書目中來看，道家文獻在傳統學術中的地位雖相去儒家甚遠，然而，現實中則不可小覷。就道家文獻發軔之作《老子》一書來說，其注釋之作可以追溯到《韓非子》中《解老》《喻老》二篇，還至少有梁武帝、梁簡文帝、梁元帝、北魏孝文帝、唐玄宗、宋徽宗、明太祖、清世祖八位皇帝爲之御注，這在中國學術史上是絕無僅有的。

在現存文獻中，漢人古注因其與古書時代最爲接近，最能體現古書原意而爲學者所推重。《老子》之注亦不例外。不過，《漢書·藝文志》著錄的四部《老子》注釋之作，現已不存；現在存世的三部爲《河上公注》《想爾注》和嚴遵《老子指歸》。其中又以《指歸》體例爲異，對《老子》一書古本原貌的研究，亦極具參考價值。1994 年，中華書局出版王德有先生點校的《老子指歸》，並略加注釋，納入「道教典籍選刊」，頗方便學者使用。後又於 2004年在商務印書館出版有《老子指歸譯注》，二書在學界已經形成重要影響。近樊波成則在此基礎上更進一步，撰成《老子指歸校箋》一書，後出轉精。總體說來，《老子指歸校箋》一書值得表出之處主要有以下四個方面。

一是釐清了《老子指歸》的版本系統。《老子指歸》因其在老學中的重要性，爲學者所寶，然而，《漢書》只記載嚴遵「依老子、莊周之指著書十餘萬

言」，其名稱卷數皆不知，該書原貌如何亦無法推得。隋唐而宋，書目中著錄的卷數有異，而現存僅約爲原書一半，此外，在他書中還存有一些佚文。《指歸》收入《道藏》《怡蘭堂叢書》《秘冊匯函》《學津討原》《津逮秘書》《漢魏叢書》《唐宋叢書》《叢書集成初編》等多種叢書中，其源不可追，而其流尚可尋。《四庫提要》已經指出，胡震亨《秘冊匯函》本「後以版歸毛晉，編入《津逮秘書》」，其他目錄書中對《指歸》版本流傳亦或有涉及。樊波成梳理諸版本，將其分爲六卷本系統和七卷本系統，釐清其流變，並在此基礎上，確定正統《道藏》本爲底本，對校他本，參校以陳景元《道德眞經藏室纂微篇》、強思齊《道德眞經玄德纂疏》、張君房《雲笈七籤》、范應元《老子道德經古本集注》，以及出土簡帛的《老子》等眾多可資參照的文獻，這就爲進一步科學、有效地開展校勘工作提供了一定的保證。

二是對《老子指歸》的校勘，尤其是理校。《老子指歸》一書，距今已有近兩千年。兩千年來，文獻載體不斷變化，在文獻流傳過程中，後人可能會根據自己的需要或想法，對其作出適當改變，於文字上或增或刪，或改或換；傳抄與刊刻過程中，文獻亦難免會出現魯魚之變。對於先秦兩漢文獻來說，就宋以後刻本來進行本校、他校，其學術價值比較有限，顯然不可與理校同年而語。樊波成在系統地釐清《老子指歸》版本流變的基礎上，勾稽文獻，對其作出校勘，並適當地作出判斷，其中採理校法而下的很多結論，頗令人信服。比如「上德不德」章的「封於泰山、禪於梁父者，七十有二義」，胡本系統作「君」，唐鴻學以「義」通「儀」，並引揚雄《羽獵賦》「烏得七十有二儀」爲證。樊波成則據西漢用韻中習見的歌元陰陽對轉情況，判定此處當作歌部的「義」，而與上下文的「山」「言」歌元相協，爲賈說作出補證。此說可作定讞。又如同章「知不足以倫其化，言不足以導其俗」，樊波成引王褒《洞簫賦》「感陰陽之和，化風俗之倫」，疑「倫其化」爲「化其倫」的倒文。「化其倫」正與「導其俗」對言，更符合語言習慣。還如同章的「若此者元無絕」，文義晦澀。樊波成據「絕」與上文的「和」、下文的「誰」通韻，糾正了王德有先生的斷句錯誤，同時提出，「元無絕」可能當作「无絕」，「元」可能因與「无」形近而衍。此可備一說。按「无」字《周易》習見，《說文》以「无」爲奇字，係「無」的古文。一種比較可能的情況是，此處本寫作「无」，抄手於其下補一「無」字，後被誤摻入正文，進而因文義不通，再將「无」改爲「元」。

三是對《老子指歸》的箋釋。漢人喜歡鋪排辭藻，有些詞語字書未收，以致後人難以理解。漢人古注本為解釋古書而作，而漢人古注也就需要後人的再注釋。《老子指歸》中許多詞語的意思，前賢語焉未詳，樊波成精於訓詁之學，提出了許多精到的見解。此類甚多，這裡聊舉幾例，比如：「上德不德」章「方地隨天」，讀「方」為仿；「道生一」章的「滑淖」，訓為水潤滑柔和之貌；「至柔」章的「閔閔輴輴」，「閔閔」「輴輴」二詞皆訓昏昏無知之貌；「大成若缺」章「堤塘」，「堤」「塘」二詞皆訓止等等。在這些箋釋中，最突出的地方在於，樊波成能耙梳其他文獻中與之相關的同源詞，作為引證，頗見功力。

四是對《老子指歸》的研究。樊波成研治老學，發表過一些見解獨到的文章，對《老子指歸》一書亦有精深的研究。比如，該書代前言極力論證《老子指歸》的當為嚴遵的《老子章句》，廣徵博引，論證充分，有理有據，令人信服。又如，就《老子指歸》真偽問題，樊波成據上孫家寨漢簡所見漢代軍制，推測《指歸》當成書於西漢，且很可能是元成時期，並進而考察其用韻特點，「不僅符合西漢韻文之特點，也與楚蜀兩地之古方音相合」。這就對《老子指歸》的文獻性質的認識較前賢時哲更進一步，已經超越為辨偽而辨偽了。其實就既有的文獻辨偽工作而言，有些時候其實只是學者各自的對「辨偽」這個概念的界定並不完全一致，因而導致許多無謂的爭論。還有，王利器先生等幾位著名學者認為《老君指歸略例》乃嚴遵《指歸》之「略例」，樊波成特別提出，其乃王弼《老子指略》，而非嚴遵《老子指歸》之「略例」。宋人晁說之嘗言：「王弼《老子道德經》二卷真得老子之學歟？蓋嚴君平《指歸》之流也。」說王弼之學承自嚴遵，大概沒什麼問題，加之題名近似，前儒難免將二者相混；而且，現存西漢文獻尚未見有稱老子為「老君」者。樊說甚是。

此外，該書附有歷代學者就《老子指歸》一書所作的序跋提要，以及辨偽文獻選輯，較之王德有點校本更為豐富，頗可省去學者翻檢工夫。又附錄《老子指歸》一百三十餘條佚文，更便於學者瞭解此書全貌。當然，該書偶有問題，這裡也貢獻出來。比如，「上德不德」章「廷正以慎道，顯善以發奸」，樊波成僅出校曰：「廷，胡本系統作『延』。」未下斷語。其實，這裡作「廷」文義扞格，作「延」則恰合。「延正」與「顯善」對舉，文義也相近。又如，同章「絕人所不能已」，底本作「以」，樊波成據胡本系統改字。

考已、以二字古音極近，典籍中不乏通假的例子；現代漢語中，仍保留有「以往」「已往」二種可以通用的寫法。作「不能已」，雖然更符合今人用字習慣，但此處不必改字。

古人治學，不外校勘與訓詁二法。樊波成繼承古人治學之法，校箋《老子指歸》一書，然而又不囿於校勘與訓詁，以深厚的學養從學理層面對其加以研究，納入校箋之中，這是對既有校箋體式的一種創新。該書曾獲得「華東地區優秀古籍圖書」二等獎，這正體現出同行專家對其學術價值的認可。

（本文原刊於《中華讀書報》，2015 年 8 月 5 日第 16 版）

五、商榷篇

宋以後第三人稱代詞「伊」、「渠」的演化
——兼談王力先生《漢語語法史》一處疏失

著名語言學家王力先生是我國漢語史學科的創始人。他本人留下的諸如《漢語史稿》、《漢語語音史》和《漢語語法史》等大著，既是漢語史學科的開山之作，也是該學科的經典著述，至今仍是我們學習古漢語時的必讀書目。這些著作學術價值很高，但也難免偶有疏失。比如《漢語語法史》在談及作爲第三人稱代詞的「伊」、「渠」的演化過程時說道：

> 「伊」、「渠」在六朝、唐代的時候很重要。到了宋代，由於「他」字在口語裏更普遍地應用，「伊」、「渠」已經很少見了。到了現代，除普通話用「他」外，「伊」、「渠」仍在一些方言中使用著。上海話用「伊」（不過已由影母變爲喻母）；廣州話用「渠」（寫作「佢」，由平聲變成上聲），客家話也用「渠」（讀成不送氣）。〔註1〕

王力先生《漢語史稿》對二詞的分析與此表述基本相同〔註2〕，《漢語語法史》當是仍《漢語史稿》之說，只對其中個別字詞作了技術性改動。這段話對「伊」、「渠」的源流和演變作了梳理，使我們對作爲第三人稱代詞的「伊」、「渠」二字有了一個宏觀的了解。王力先生敏銳地覺察到宋代口語中「他」的使用，使「伊」、「渠」字的語法地位被逐漸替代，這的確是一個睿見！但由於王力先生的這本書著重於考察唐以前的語法現象，而對宋以後的材料引證有限，難免百密一疏。他的這段論述中認爲「伊」、「渠」在宋代「很少見」，

〔註1〕 王力：《漢語語法史》，北京：商務印書館，1989年，第53頁。
〔註2〕 王力：《漢語史稿》，北京：中華書局，2004年，第314頁。

就因爲未能全面掌握書面語言材料，而於事實未安。王先生弟子向熹先生《簡明漢語史（下）》也論及此，認爲「伊」、「渠」產生於「魏晉以後」〔註3〕，但是並沒有對二詞的演化過程作細緻的歷時性考察。同爲王先生弟子的郭錫良先生，在《漢語第三人稱代詞的起源和發展》一文中對「伊」和「渠」的起源有著更爲細緻的考察〔註4〕，郭先生認爲，「伊」和「渠」都是南北朝時期產生的第三人稱代詞，而且「渠」用作第三人稱代詞，在南北朝時期還不多見，「到唐初才比較流行」。〔註5〕不過，郭先生對「伊」、「渠」在宋代以後的演化情況亦並未進行細緻研究。

事實上，「渠」這個詞，在南宋時期的使用還是比較廣泛的。朱熹那首著名的《觀書有感二首》之一中就有一個用作第三人稱代詞的「渠」：

　　1. 半畝方塘一鑒開，天光雲影共徘徊。問渠那得清如許？爲有源頭活水來。

向熹先生《簡明漢語史》於「渠」後亦舉此例〔註6〕，正是。因爲，從文理和句勢上說，這裡的「渠」自然是指代前面的「半畝方塘」，而不可能是另外一條水渠。而且筆者曾去武夷山天遊峰考察，親見那個地方的確只有一個小池塘，而並沒有水渠。另外，朱熹致他人的書信中，這個「渠」字也很常見，下文僅就《晦庵先生朱文公文集》卷三十九中摘錄三例：

　　2. 昨齊仲寄疑義來，乃不知是石丞者，妄意批鑿，非所施於素昧平生之人。然渠既以此道相期，必不相怪，但在熹有僭率之咎耳。（《答柯國材》）〔註7〕

　　3. 渠所寄來《孟子》說，大抵其說亦苦於太高，卻失本意。（《答陳齊仲》）〔註8〕

〔註3〕　向熹：《簡明漢語史》（修訂版）下冊，北京：商務印書館，2010 年，第 352 頁。

〔註4〕　郭錫良：《漢語第三人稱代詞的起源和發展》，《漢語史論集》（增訂本），北京：商務印書館，2005 年，第 11～14、24～25 頁。

〔註5〕　（南宋）朱熹著，劉永翔、徐德明校點：《晦庵先生朱文公文集》（三），朱傑人等主編：《朱子全書》第 22 冊，上海：上海古籍出版社，合肥：安徽教育出版社，2002 年，第 11～12 頁。

〔註6〕　向熹：《簡明漢語史》（修訂版）下冊，第 352 頁。

〔註7〕　（南宋）朱熹著，劉永翔、徐德明校點：《晦庵先生朱文公文集》（三），朱傑人等主編：《朱子全書》第 22 冊，第 1731 頁。

〔註8〕　（南宋）朱熹著，劉永翔、徐德明校點：《晦庵先生朱文公文集》（三），朱傑

4. 聞祝弟持《大學》說及「觀過知仁」辯論去，皆是向來草稿往返未定之說。渠乃不知本末，持去誤人，甚不便，可爲焚之。
（《答王近思》）〔註9〕

詩歌和書信都屬於正式文體，其中這麼頻繁地使用「渠」字，這說明「渠」在宋代，即使是南宋時期也並不少見。而在《朱子語類》中，這個「渠」使用得更多，下面也列舉幾例：

5. 小兒讀書所以記得，是渠不識後面字，只專讀一遍耳。〔註10〕

6. 五代時，有一將官，年大而不識字。既貴，遂令人於每件物事上書一名字帖之，渠子細看，久之，漸漸認得幾個字。〔註11〕

7. 子上問：「向見先生《答江德功書》如此說。」曰：「渠如何說，已忘卻。」子上云：「渠作接物。」曰：「又更錯。」〔註12〕

8. 且如陸子靜說「良知良能，四端根心」，只是他弄這物事。其他有合理會者，渠理會不得，卻禁人理會。鵝湖之會，渠作詩云：「易簡工夫終久大。」彼所謂易簡者，苟簡容易爾，全看得不子細。〔註13〕

9. 郭先生謂古人射法易學，今人射法難學，渠須理會得。郭先生論弓弩及馬甚精。〔註14〕

與朱熹同時代的呂祖謙和張栻也經常用這個「渠」字來表示第三人稱代詞。呂祖謙的詩歌《晚春二首》之二即是一例：

10. 風絮流花一任渠，北窗高臥綠陰初。閉門春色閒中老，爲謝平生董仲舒。

而呂氏別集《東萊集》中也使用「渠」字作第三人稱代詞，下文摘錄卷七中的四例：

11. 朱元晦約來春至婺，因爲天台、雁蕩之遊。或謂渠久不出，

人等主編：《朱子全書》第 22 冊，第 1756 頁。
〔註9〕 （南宋）朱熹著，劉永翔、徐德明校點：《晦庵先生朱文公文集》（三），朱傑人等主編：《朱子全書》第 22 冊，第 1760 頁。
〔註10〕 （南宋）黎靖德編，王星賢點校：《朱子語類》，北京：中華書局，1986 年，第 165 頁。
〔註11〕 （南宋）黎靖德編，王星賢點校：《朱子語類》，第 287 頁。
〔註12〕 （南宋）黎靖德編，王星賢點校：《朱子語類》，第 295 頁。
〔註13〕 （南宋）黎靖德編，王星賢點校：《朱子語類》，第 324 頁。
〔註14〕 （南宋）黎靖德編，王星賢點校：《朱子語類》，第 624 頁。

今雖尋山，然適當一二公登用之時，自遠而近，恐不察者，或以爲疑，此誠過慮。告試爲斟酌，倘渠出，果有嫌，則某卻當入閩訪之，往還必皆得款待。(《與汪端明》)〔註15〕

12. 吉州士人劉德循，樸實有志於學，冒暑專往掃灑門牆，幸與之進，渠與郡中人偕發，恐徒步不及健步之駛，後此書三兩日到亦未可知。(《與朱侍講》)〔註16〕

13. 蓋此間有同年潘景憲教授者，篤信力學，用工著實。兩弟意鄉，亦皆不凡近。渠兄弟素拳拳歸心於牆仞，前此累欲通書而未敢聞。……渠所居相去甚近，往來爲便。(《與朱侍講》)〔註17〕

14. 薛士龍自湖歸溫，經從相聚半月甚款。渠甚願承教而無繇也。(《與朱侍講》)〔註18〕

張栻《南軒集》中的「他」，均爲其他之他，用作無定代詞，並不作第三人稱代詞用。此集中有少量「伊」字，而「渠」字則大量出現，下面僅錄其中的三則：

15. 伯恭近來盡好說話，於蘇氏父子亦甚知其非。向來見渠亦非助蘇氏，但習熟元祐間一等長厚之論，未肯誦言排之耳，今亦頗知此爲病痛矣。(《答朱元晦》)〔註19〕

16. 伯恭近遣人送藥與之，未回。渠愛敝精神於閒文字中，徒自損，何益！(《答朱元晦》)。點校本「敝」作「弊」。湖南圖書館藏清道光十六年四益堂家藏刻本《宋張南軒先生文集》十一卷之卷一收此信，作「敝」，茲據之以改。)〔註20〕

〔註15〕 （南宋）呂祖謙：《東萊呂太史別集》，黃靈庚、吳戰壘主編：《呂祖謙全集》第1冊，杭州：浙江古籍出版社，2008年，第392頁。
〔註16〕 （南宋）呂祖謙：《東萊呂太史別集》，黃靈庚、吳戰壘主編：《呂祖謙全集》第1冊，第398頁。
〔註17〕 （南宋）呂祖謙：《東萊呂太史別集》，黃靈庚、吳戰壘主編：《呂祖謙全集》第1冊，第410頁。
〔註18〕 （南宋）呂祖謙：《東萊呂太史別集》，黃靈庚、吳戰壘主編：《呂祖謙全集》第1冊，第412頁。
〔註19〕 （南宋）張栻著，劉永翔、許丹校點：《南軒先生文集》，朱傑人等主編：《朱子全書外編》第4冊，上海：華東師範大學出版社，2010年，第342頁。
〔註20〕 （南宋）張栻著，劉永翔、許丹校點：《南軒先生文集》，朱傑人等主編：《朱子全書外編》第4冊，第345頁。

17. 今世學者慕高遠而忽卑近之病爲多，此間有肯來講論者，今殊不敢泛告，想渠輩聽某以前說話，覺得有滋味，今卻鈍悶，若信得及，卻可與講習也。……元晦《仁說》後來看得渠說愛之理之意卻好，繼而再得渠書，只拈此三字，卻有精神，但前來所寄言語間終多病。兼渠看得某意思亦潦草。後所答今錄呈，但渠議論商確間，終是有意思過處，早晚亦欲更力言之。(《寄呂伯恭》)〔註21〕

張栻的《南軒集》雖是朱熹編定，並刪減了其中一些與自己思想不合的內容，但是所刪文字，仍以空格代替，故其中文字，特別是這個「渠」字，是不至於作改動的。

以上三人都是生活在南宋中期，朱熹居閩，呂祖謙居浙，張栻居湘，三人生活在不同地方，而三人都在詩歌和書信這樣正式的文體使用這個作爲第三人稱代詞「渠」字。《朱子語類》是朱熹的授課筆記，其中保留了很多當時的口語材料。郭錫良先生指出：「初唐『他』開始具有第三人稱代詞的語法功能，盛唐以後才正式確立起作爲第三人稱代詞的地位。」〔註22〕而我們確實可以從中看到南宋的朱熹已經大量使用「他」來作第三人稱代詞，如：

1. 但是他爲主，我爲客；他較長久，我得之不久耳。〔註23〕

2. 天只是一個大底物，須是大著心腸看他，始得。〔註24〕

而從上文引證的第 7 例，我們可以知道，其時「渠」在口語中也並未完全退出。

以上現象說明，宋代口語中第三人稱代詞「他」已經開始使用，而在宋代詩歌當中，亦有一些用作第三人稱代詞的「他」字：

3. 文叔一人知此翁，洛陽城裏又東風，讓他綠髮好年少，二十四歲作三公。(南宋·陸游《縱筆》)

4. 走上松梢繞卻他，爲他滿插一頭花。未論似得酴醾否，且是幽香野得些。(南宋·楊萬里《入上饒界道中野酴醾盛開》)

〔註21〕（南宋）張栻著，劉永翔、許丹校點：《南軒先生文集》，朱傑人等主編：《朱子全書外編》第 4 冊，第 379 頁。

〔註22〕（南宋）朱熹著，劉永翔、徐德明校點：《晦庵先生朱文公文集》（三），朱傑人等主編：《朱子全書》第 22 冊，第 26 頁。

〔註23〕（南宋）黎靖德編，王星賢點校：《朱子語類》，第 3 頁。

〔註24〕（南宋）黎靖德編，王星賢點校：《朱子語類》，第 6 頁。

    5. 燭花垂穗伴空齋，心事如灰入壯懷。老倦更闌惟熟睡，任他疏雨滴空階。(南宋・范成大《夜雨》

當然，他們的詩歌中，無定代詞「他」仍在使用。這就是說明「他」用作第三人稱代詞的範圍並不廣泛。而且，直至南宋中期，「渠」字在口語中仍然還有使用，而在書面語言中的「渠」仍是正規用字，這也可說明「渠」並未完全被「他」代替。而且，直至明代，「渠」在書面語中仍在使用，下文仍舉詩歌為例：

    18. ……一聲抹斷萬里煙，夢入紫塞愁胡天，問渠怨恨有幾千？(明初・高啟《夜飲丁二侃宅聽琵琶》)

    19. ……道傍行子顧且笑，謂予亦在泥塗中。感渠相念不相識，問之不答還匆匆。如聞身是營中卒，番鍤欲赴朝天宮。古來王事稱靡鹽，予亦勤勞竟何補？為渠慚愧久低回，雨急嚴城聽鳴鼓。(明初・李東陽《早朝遇雨道中即事》)

    20. ……去冬萬騎抵京室，官軍馬遲渠馬疾。……（晚明・黃淳耀《少年走馬行》)

    21. 我日馳驅日，渠云稼穡時。驢糧恭艾子，馬食怒張儀。……（晚明・倪元璐《野食》)

以上四首詩中，「渠」字仍是用作第三人稱代詞，而李東陽的詩，則更是兩次出現這個「渠」字。可見，明代的書面語中，「渠」字仍然存在，又如王守仁《與黃宗賢》第五書中說：「近嘗得渠一書，所見迥然與糾不同，殊慰！殊慰！」(《王文成全書》，《四庫全書》本）而就筆者所見明代的一些正式文體中的「他」，仍是多用以指其他，作無定代詞用，並未完全取代「渠」字的語法地位。而從明代的擬話本小說，比如「三言」、「二拍」中，確實可以見到大量出現的第三人稱代詞「他」，取代了「伊」、「渠」的語法地位，致使「渠」字難得一見，「伊」字也基本不見。這說明，這個時候，淺近文言中已經完成了「他」對「伊」、「渠」的替代，而口語中的替代應該更早。我們還注意到，清代時候，「渠」字的這個用法有時也出現在學者的筆端。如清初的李光地《榕村語錄》言及梅文鼎說利瑪竇：

    22. 渠言西學，總不出吾中國學內，只是中國失傳。〔註25〕

───────────────

〔註25〕 （清）李光地，陳祖武點校：《榕村語錄・榕村續語錄》，北京：中華書局，

李光地是閩人，我們不能排除這是方言因素。直至近人楊樹達先生的《積微翁回憶錄》中，仍有這個作爲第三人稱代詞的「渠」：

　　23. 本校文學院長楊榮國發布文字於《新建設》雜誌，引金文、甲文錯誤百出。甲文耤字像兩手持耒，渠說爲兩腳蹈耒。（1951 年 7 月 1 日條）〔註26〕

　　24. 李告：余致毛主席兩書，主席曾以示渠。（1953 年 1 月 21 日條）〔註27〕

楊樹達先生是湖南長沙人，今天的湘方言未見用「渠」字作第三人稱代詞用，此當歸之於楊先生刻意仿古。這種現象在民國時期其他一些學者的著作中也可發現。

到了清代，正式官方文件，如皇帝實錄中，「渠」字惟見於「逆渠」一詞，指叛黨或叛黨的首領，並非用作第三人稱代詞。由此可見，其中「渠」字的這個語法功能已經被「伊」字完全代替。嘉慶四年，嘉慶帝懲辦和珅，下聖諭問其罪狀二十條。這二十條罪狀中出現「伊」字的有五條，茲據《嘉慶實錄》迻錄如下：

　　1. 上年正月，皇考在圓明園召見和珅，伊竟騎馬直進中左門，過正大光明殿，至壽山口。無父無君，莫此爲甚。其大罪二。

　　2. 前奉皇考諭旨，令伊管理吏部、刑部事務；嗣因軍需銷算，伊係熟手，是以又諭令兼理戶部題奏報銷事件。伊竟將戶部事務一人把持，變更成例，不許部臣參議一字。其大罪八。

　　3. 大學士蘇凌阿，兩耳重聽，衰邁難堪。因係伊弟和琳姻親，竟隱匿不奏；侍郎吳省蘭、李潢，太僕寺卿李光雲，皆曾在伊家教讀，並保列卿階，兼任學政。其大罪十一。

　　4. 又寶石頂，並非伊應戴之物。所藏眞寶石頂有數十餘個，而整塊大寶石不計其數，且有內府所無者。其大罪十六。

　　5. 伊家人劉全，不過下賤家奴，而查抄貲產，竟至二十餘萬，並有大珠及珍珠手串。若非縱令需索，何得如此豐饒？其大罪二十。

　　　　1995 年，第 776 頁。
〔註26〕 楊樹達：《積微翁回憶錄・積微居詩文鈔》，上海：上海古籍出版社，2006 年，第 324 頁。
〔註27〕 楊樹達：《積微翁回憶錄・積微居詩文鈔》，第 324 頁。

這既是聖諭，必定是嚴格的書面語言，而不會使用口語。二十條罪狀中，「伊」字竟在五條中出現了八次，可見「伊」在清中期的正式場合使用的廣泛與重要。而我遍檢《清實錄》，歷朝實錄中都是在使用這個「伊」字，直至《宣統朝政紀》中，也還是使用的這個「伊」字；其中所有出現的「他」字，意義均表示其他，作無定代詞用。由此可見，清代正式的書面語言中，由「伊」字取代之前的「渠」字，而「他」字始終未能出現。書面語中的「他」字，作第三人稱代詞，取代「伊」字的語法地位，應該是新文化運動時期，推廣白話文而產生的結果。

綜合以上分析，我們可以知道王力先生《漢語語法史》中說：「到了宋代，由於『他』字在口語裏更普遍地應用，『伊』、『渠』已經很少見了。」這個說法並不符合當時語言的實際情況。我認為，這個說法可以作如下改動：

> 到了宋代，由於「他」字在口語中更普遍地應用，「伊」和「渠」逐漸消失；大約到明代中期，淺近文言中的「他」完全取代了「伊」、「渠」的語法地位，口語中這個替代的完成應該更早。而在正式書面語言中，「他」字大約在南宋時期開始使用，但「渠」字作為更規範的用字一直使用到明代，清代由「伊」字來取代「渠」字；而「他」在正式書面語中取代「伊」，應該是新文化運動時產生的結果。

文末，再贅言一句。本文以上的分析，還提示我們，漢語史研究中對於書面語，特別是宋、元、明、清時代書面語的考察，不能僅僅靠小說、戲劇等文學作品中的淺近文言作為語料；官方文件中所使用的正式語體是我們不能忽視的一個重要方面，因為其中用詞可能與流傳的小說、戲劇等文學作品中所使用的淺近文言不盡相同。也就是說，漢語史研究中語料的選擇，要兼顧口語、淺近文言、正式書面語言三個方面。

（本文原刊於《勵耘學刊（語言卷）》，2012 年第 2 期）

說「文人相輕」
——讀《漢語大詞典》札記一則

　　「文人相輕」這個詞，我們經常會說到用到，然而對它的意思，可能還有一些人會存在誤解。比如，《漢語大詞典》在解釋這個詞條時說：

　　　　謂文人之間相互輕視，彼此不服氣。三國魏曹丕《典論·論文》：「文人相輕，自古而然。」元劉壎《隱居通議·詩歌一》：「夫文人相輕，從古而然，而一時巨擘，皆左袒斂衽。」清梁紹壬《兩般秋雨盦隨筆·筆端刻薄》：「趙秋谷始與阮翁相得，後乃齟齬，因作《談龍錄》一編，句句贊，句句刺，至尖極冷，下筆如刀。推其由，不過因不借《聲調譜》之故，亦何至忮刻如此，然猶曰文人相輕，積習使然耳。」魯迅《且介亭雜文二集·再論「文人相輕」》：「今年的所謂『文人相輕』，不但是混淆黑白的口號，掩護著文壇的昏暗，也在給有一些人『掛著羊頭賣狗肉』的。」〔註1〕

這裡對「文人相輕」一詞加以解釋，並列出書證。我們知道，「相」這個詞的義項中，有兩個義項很容易混淆，一個是指互相，是雙向的，比如相對、相反、相剋、不相往來等等；一個是表示一方對另一方所施加的動作或行為，是單向的，比如相留、相隨、相告、以身相許等等。這裡「相輕」的「相」，是前一種還是後一種，我們只有在相關語境中才能作出判斷。

　　《漢語大詞典》中例舉了四條書證，其中第 1 條書證是曹丕《典論·論

〔註 1〕 羅竹風主編：《漢語大詞典》第六卷，上海：漢語大詞典出版社，2001 年第 2 版，第 1513 頁。

文》，從現有資料來看，這應該是最早且最能體現原義的書證。現將《典論‧論文》原文移錄於下：

> 文人相輕，自古而然。傅毅之於班固，伯仲之間耳，而固小之，
> 與弟超書曰：「武仲以能屬文爲蘭臺令史，下筆不能自休。」

這段文字中，只說到「固小之」，也就是班固輕視傅毅，而並沒有提及傅毅對班固的態度。也就是說，這裡的「相輕」，並不是像《漢語大詞典》解釋的那樣，是互相輕視，而應該是指輕視別人。

在《漢語大詞典》例舉的其他三條書證中，第 2 和第 4 條我們無法判斷，而第 3 條書證也與第 1 條相類，是說的趙秋谷輕視阮翁，而並不是他們二人之間互相輕視。再從實際情況來看，文人所輕視的，有時候並不一定是同時代的人，他們有時候也會有輕視前代人的行爲，那麼，這時候的「相輕」就肯定只能的後人對前人的單方面行爲，而不可能是一種雙向的互動行爲。

綜合以上，我們可以知道，《漢語大詞典》對「文人相輕」一詞的解釋是錯誤的，「文人相輕」是指文人輕視別人。當然，由於《漢語大詞典》的誤釋，今人作品中可能會有以「文人相輕」一詞指文人間互相輕視的情況存在。這一點，我們也不能忽略。

（本文原刊於《語言文字周報》，2016 年 8 月 24 日第 4 版）

劉師培《經學教科書》注釋斠補

　　劉師培《經學教科書》共有兩冊，第一冊概論中國經學發展演變歷程，第二冊專論《易》學。此書言簡意賅，雖是未完稿，仍爲治經學者不可不讀之入門書。然此書若無注釋，則頗難明其中奧義。上海古籍出版社於 2006 年出版了陳居淵先生注釋本，廣輯博採，注釋詳盡。《易》學向爲難讀，陳先生精研此道，是書第二冊若無陳注，則幾不可讀，此乃陳注之尤值稱道者也。第一冊中陳注可稱道者亦頗多，如對漢時同治《易》之兩京房加以區分，如點明閻若璩《古文尚書疏證》在嘉道時期已不爲學界所重等等，文不備舉。是則陳先生可謂此書之功臣！陳先生注此書，三易其稿，可謂精益求精。然陳注第一冊則略有疏失，本文不揣淺陋，爲之校補數則。此實循陳先生精益求精之意也。管見所及，不當之處，尚請博雅君子有以教之。

一、陳注可商榷者

　　1.1 第二課注（5）：「老子，即老聃，姓李名耳，字伯陽，謚聃。楚國苦縣（今河南鹿邑東）歷鄉曲仁里人。相傳做過周守藏室之史……」（P10）

　　按：據《史記‧老子韓非列傳第三》：「老子者，楚苦縣厲鄉曲仁里人也，姓李氏，名耳，字聃，周守藏室之史也。」〔註 1〕《史記正義》引《朱韜玉札》及《神仙傳》云「老子，楚國苦縣萊鄉曲仁里人。姓李，名耳，字伯陽，一名重耳，外字聃。」又引《括地志》云：「苦縣在亳州谷陽縣界。」〔註 2〕陳注謂「字伯陽，謚聃」一說，姚鼐《老子章義‧序》有辨：「漢末妄以老

〔註 1〕　（漢）司馬遷：《史記》，北京：中華書局，1959 年，第 2139 頁。
〔註 2〕　（漢）司馬遷：《史記》，第 2139～2140 頁。

子為仙人，不死，故唐固注《國語》，以為即伯陽父，流俗妄書乃謂老子字伯陽，此君子所不宜道。當唐之興，自謂老子之裔，於是移《史記‧列傳》以老子為首，而媚者遂因俗說以改司馬之舊文乃有『字伯陽，諡曰聃』之語，吾決知其妄也！老子，匹夫耳，固無諡。苟弟子欲以諡尊之，則必舉其令德，烏得曰聃？」〔註3〕魏源《老子本義》亦意引其文。〔註4〕其說甚是，故當以《史記》之說為準。關於老子故里的地望，一般有兩說，一說是在河南鹿邑，一說是在安徽亳州渦陽。具體論述不少，但都似難以服眾，當兩存之。故陳注謂苦縣在「今河南鹿邑東」，也值得商榷。陳注之「歷鄉」，則顯為「厲鄉」之誤。此外，此注《道德經》，提及 1973 年馬王堆出土的帛書《老子》甲乙本，但未提及 1993 年郭店楚簡的《老子》三種簡抄本。此外，民國時期不少學者如梁啟超、錢穆、馮友蘭等以為《老子》晚出，亦有不少學者持反對意見。帛書《老子》和竹簡《老子》的發現，這一學術公案方有定論。

1.2 第二課注（6）：「因其（《離騷》）是楚辭體文學作品的代表作，對後世文學作品具有深遠的影響，所以被尊稱為『經』。」（P10）

按：《離騷》，從現有的文獻來看，王逸《楚辭章句》首稱其為「離騷經」，並解釋說：「離，別也。騷，愁也。經，徑也。言己放逐離別，中心愁思，猶依道徑，以風諫君也。」洪興祖按曰：「古人引《離騷》未有言『經』者，蓋後世之士祖述其詞，尊之為經耳。」〔註5〕據王逸之意，《離騷》具有「諫君」之思想性，故尊之為「經」。洪興祖謂「後世祖述其詞」，指其思想性而言，非指其文辭也。陳注「代表作」、「深遠的影響」云云不確。董治安先生謂：「先秦以至秦漢之間通常所謂之『經』，往往是指有典範性、綱領性的前代要籍，或先賢、先師之作，含有尊崇、推重之意。」〔註6〕誠通達之論。董先生文中雖未言及《離騷》之稱「經」，但意實涵之。用之於此，可也。

1.3 第三課注（1）：「伏羲，又名『伏戲』、『宓戲』、『包犧』、『犧皇』、『皇羲』等。」（P11）

按：錢大昕《十駕齋養新錄》力證「古無輕唇音」，這一觀點已為學界普

〔註3〕（清）姚鼐：《老子章義》，同治庚午桐城吳氏重刊本，第3頁。
〔註4〕（清）魏源撰，黃曙輝點校：《老子本義》，上海：華東師範大學出版社，2010年，第9頁。
〔註5〕（宋）洪興祖：《楚辭補注》，北京：中華書局，1983年，第2頁。
〔註6〕董治安：《兩漢文獻與兩漢文學》，上海：上海古籍出版社，2005年，第37頁。

遍接受，則伏戲、宓戲、包犧，實乃與伏羲音同，故通用。其實只是一字的不同寫法而已，不能算「又名」。

　　1.4 第三課注（6）「今所傳《古三墳書》中有《歸藏》，係後人僞造。唐人司馬膺亦注《歸藏》三卷，今亦亡。《文獻通考》著錄爲三卷。」（P12）

　　按：《文獻通考・經籍考二》著錄《歸藏》三卷，但《舊唐書・經籍志》：「《歸藏》十三卷。」注曰：「殷易，司馬膺注。」〔註7〕《新唐書・藝文志》：「司馬膺注歸藏十三卷」。〔註8〕是陳注之「三卷」當爲「十三卷」之誤。另，1993 年，湖北江陵王家臺 15 號墓出土了兩種抄本的秦簡《歸藏》，共有殘簡 394 枚，計約 4000 字。陳注未提及。

　　1.5 第三課注（9）：「《毛詩》在各詩之前，列有解釋該詩主題的文字，稱小序。在篇首《關雎》小序之前，還有一大段總論《三百篇》的文字，稱大序。關於大序作者，歷來說法各種。蕭統《昭明文選》認爲是子夏作；《隋書・經籍志》認爲是子夏作，後經毛公、衛宏潤色；王安石認爲由詩人自己作；程頤認爲是孔子作；鄭樵、朱熹、崔述還提出是『村野妄人』作；《後漢書・儒林傳》則明確指出是衛宏作。」（P13）第十八課注⑰：「《詩序》的作者，是經學史上聚訟紛紜的問題。代表性的有二說……。」（P71）

　　按：關於大序、小序之起訖，歷來有爭議。陳注不確。胡樸安《詩經學》分漢人相承之說和宋人相承之說二種；〔註9〕洪湛侯先生《詩經學史》說「至少也有七八種不同說法」。〔註10〕《詩序》作者，歷來之說法不同，《四庫全書總目》列異說十一種〔註11〕，胡樸安《詩經學》列異說十三種〔註12〕，張西堂《詩經六論》列異說十六種〔註13〕，趙沛霖《詩經研究反思》列「五四」前異說十六種、「五四」至建國時期異說六種、建國後異說八種〔註14〕，洪

〔註7〕　（後晉）劉昫等：《舊唐書》，北京：中華書局，1975 年，第 1966 頁。
〔註8〕　（宋）歐陽修、宋祁：《新唐書》，北京：中華書局，1975 年，第 1423 頁。
〔註9〕　胡樸安：《詩經學》，上海：商務印書館，1930 年，第 16 頁。
〔註10〕洪湛侯：《詩經學史》，北京：中華書局，2002 年，第 156～157 頁。
〔註11〕（清）永瑢等：《欽定四庫全書總目》（整理本），北京：中華書局，2002 年，第 187 頁。
〔註12〕胡樸安：《詩經學》，第 17～20 頁。
〔註13〕張西堂：《詩經六論》，上海：商務印書館，1957 年，第 121～124 頁。
〔註14〕趙沛霖：《詩經研究反思》，天津：天津教育出版社，1989 年，第 251～260 頁。

湛侯《詩經學史》認爲「粗略統計，各種說法，不下四十餘家」，並列有代表性的異說十八種〔註15〕，馮浩菲《歷代詩經論說述評》列異說十四〔註16〕。均可參考，茲不具引。陳注認爲《大序》是「村野妄人」作，實乃鄭樵之說《詩序》者，並非專門針對《大序》而言。朱熹對此雖有附和，但始終未明言是村野妄人作，《朱子語類》卷八十中只說「不是子夏作」、「未必是聖人做」、「是後人作」。崔述《讀風偶識·通論詩序》則認爲《詩序》爲衛宏一人所作。而且，陳氏此注誤將眾家對《詩序》作者的討論認爲是對《大序》作者的討論，實有混同《詩序》與《大序》的嫌疑。

1.6 第三課注⑲：「今人任善銘《禮記目錄後案》云……」（P14）第十四課注⑭：「今人任善銘《禮記目錄後案》……」（P55）

按：著《禮記目錄後案》者，當爲「任銘善」。此書齊魯書社 1982 年出版。

1.7 第十課注㉒：「僞孔傳古文《尚書》……清代閻若璩、惠棟等學者的相繼考證，證明梅頤所獻爲僞書。近年由於湖北荊門郭店竹簡的發掘，這一結論受到新的挑戰。要徹底弄清這一樁學術公案，還有待於今後的深入研究。」注㉗：「（閻若璩）所著《古文尚書疏證》是清初辨僞名作，經其『引經據典，一一陳其矛盾之故』，基本上解決了經學史上歷千餘年的《尚書》眞僞懸案。」（P38～39）

按：陳先生前後二注有牴牾之處。陳注後說之「基本上」並不能彌合二注見的分歧。

1.8 第十一課注㉘：「按：《漢書·藝文志》六藝略《詩》類著錄《韓詩內傳》四卷、《外傳》六卷，今僅《韓詩外傳》存。」（P44）

按：此按語對現存之《韓詩外傳》語焉不詳。現存之《韓詩外傳》爲十卷，定非《漢志》所著錄之《外傳》原本。《隋書·經籍志》已經著錄《韓詩外傳》爲十卷。《四庫全書總目》對此有論，並認爲是「後人所分」。〔註17〕此外，楊樹達、徐復觀等以爲現存之《韓詩外傳》實涵《漢志》之內、外傳。但各說均爲揣測之辭，似難坐實。

〔註15〕 洪湛侯：《詩經學史》，第 157～163 頁。
〔註16〕 馮浩菲：《歷代詩經論說述評》，北京：中華書局，2003 年，第 152～168 頁。
〔註17〕 （清）永瑢等：《欽定四庫全書總目》（整理本），第 214 頁。

1.9 第十二課注㉕：「（房鳳）遷五字中郎將。」（P49）

按：五字中郎將，不知爲何官，今核以《漢書·儒林傳》，當爲「五官中郎將」。

1.10 第十三課注⑱：「（胡培翬）傳祖父匡衷之學，與堂叔胡秉虔有『續溪三胡』之名。……乃積四十餘年撰寫《儀禮正義》……爲清人十二種新疏之一。」（P52）第三十四課注⑪：「（胡匡衷）與胡承珙、胡培翬合稱『三胡』。」（P136）第二十一課注⑪：「（劉寶楠）編撰《論語正義》二十四卷……爲清人十二種新疏之一。」（P81）第三十四課注⑮：「按：清人著有九種新疏，共十二部，分別是：江聲的《尙書集注音疏》，王鳴盛的《尙書後案》，孫星衍的《尙書今古文注疏》，陳奐的《詩毛氏傳疏》，胡培翬的《儀禮正義》，劉文淇的《左傳舊注疏證》，陳立的《春秋公羊傳義疏》，劉寶楠的《論語正義》，焦循的《孟子正義》，邵晉涵的《爾雅正義》，郝懿行的《爾雅義疏》，孫詒讓的《周禮正義》。」（P137）

按：陳注於「三胡」之前後二說牴牾。此誤實本之於梁啓超。梁氏《論中國學術思想變遷之大勢》以胡匡衷、胡承珙、胡培翬爲三胡，〔註18〕而《清代學術概論》則以胡匡衷、胡培翬、胡春喬（春喬爲秉虔字）爲三胡。〔註19〕後胡適與唐德剛談及「續溪三胡」，或爲「禮學三胡」，爲胡匡衷、胡秉虔、胡培翬。今人著述中多以胡匡衷、胡秉虔、胡培翬爲三胡。其實，從梁氏之觀點來看，似以前說爲是。一般排名當以年齒論，胡秉虔爲培翬堂叔，年長於培翬，故梁氏後說列其於培翬之後者，似不當，誤記的可能性大一些。即使闕而不論，陳氏注文亦不當由此牴牾。陳注謂「清人十二種新疏」之說，多取自梁啓超《中國近三百年學術史》「諸經新疏合評」之目，然亦缺簡朝亮《尙書集注述疏》、簡朝亮《論語集注補正述疏》二部。是不知其據。梁氏只列清人九經新疏，已有十四種，其未列者尙有不少，如胡承珙《毛詩後箋》、馬瑞辰《毛詩傳箋通釋》，亦不可不謂爲清人新疏。

1.11 第十五課注⑩：「王應麟（1223～1296），……年少即通《六經》，呂祖謙弟子。」（P57）

〔註18〕梁啓超著，夏曉虹點校：《清代學術概論》，北京：中國人民大學出版社，2004年，第111頁。
〔註19〕梁啓超著，夏曉虹點校：《清代學術概論》，第135頁。

按：呂祖謙卒於 1181 年，王應麟生於 1223 年，陳注謂其爲呂氏弟子一說，甚爲無稽。

1.12 第十八課注（1）：「陸璣：字元輅。吳郡華亭（今上海松江）人。官太子中庶子，烏程令。著有《毛詩草木鳥獸蟲魚疏》二卷，專釋《詩經》中動物、植物名稱，後附毛、魯、齊、韓四家《詩》源流四篇，特詳《毛詩》。另著有《毛詩陸疏廣要》等。」（P69）

按：陳注此說，源自陸德明《經典釋文》〔註20〕和《四庫全書總目提要》〔註21〕。然《經典釋文》謂：「（陸璣）字元恪，吳郡人。」是陳注誤「恪」爲「輅」。陳注之「華亭」則不知何據。陳注謂《毛詩陸疏廣要》爲陸璣著，則頗覺未安。「陸疏」爲陸璣所著《毛詩草木鳥獸蟲魚疏》之簡稱，何以陸氏爲自己著作作「廣要」？核《四庫全書總目提要》，《毛詩陸疏廣要》爲「吳陸璣撰。明毛晉注。」〔註22〕則《毛詩陸疏廣要》非陸璣所著，明矣。按古人慣例，則《廣要》之著作權當屬毛晉。又，關於陸璣之「璣」，尚存在爭端，或以爲「陸璣」當作「陸機」，與字士衡的陸機同時代同名，但非一人。王承略先生所撰《毛詩草木鳥獸蟲魚疏》提要，於此有詳說，可參看。〔註23〕

1.13 第十八課注⑫：「清馬國翰《玉函山房輯佚書》輯有《集注毛詩》一卷，《毛詩集注》一卷，《三禮義宗》四卷。」（P70）

按：核之《玉函山房輯佚書·經編·詩經類》，有崔靈恩《毛詩集注》一卷，並無《集注毛詩》一卷。

1.14 第十八課注⑯：「成伯璵：一作成伯瑜，生平事蹟不詳。唐代學者。……傳世的還有《禮記外傳》。」（P70～71）

按：《四庫全書總目》稱成伯璵「爵里無考」〔註24〕，陳注亦當本此。雖然新舊《唐書》皆未爲成伯璵立傳，但《全唐文》記其爲「開元時人」〔註25〕，注文似應點明。另，其著作《禮記外傳》已佚，清代馬國翰《玉函山房輯佚

〔註20〕 （唐）陸德明撰，黃焯匯校：《經典釋文匯校》，北京：中華書局，2006 年，第 17 頁。
〔註21〕 （清）永瑢等：《欽定四庫全書總目》（整理本），第 189 頁。
〔註22〕 （清）永瑢等：《欽定四庫全書總目》（整理本），第 189 頁。
〔註23〕 董治安主編：《經部要籍概述》，南京：江蘇教育出版社，2008 年，第 130 頁。
〔註24〕 （清）永瑢等：《欽定四庫全書總目》（整理本），第 189 頁。
〔註25〕 （清）董誥等編：《全唐文》，上海：上海古籍出版社，1990 年，第 1822 頁。

書》所收的輯本爲張幼倫注本。

1.15 第十九課注㉒：「徐彥：生平事蹟不詳。相傳今本《十三經注疏》中的《春秋公羊傳疏》即出其手。」（P74）

按：此注過於簡單。徐彥，或說爲有唐學者，如《崇文總目》、董逌《廣川藏書志》、陳振孫《直齋書錄解題》、《四庫全書總目》等；或說爲北朝學者，如清人嚴可均、洪頤煊、阮元、王鳴盛、姚振宗、皮錫瑞等。王鳴盛更是認爲，徐彥即是《北史》之徐遵明。劉師培採前說，而今人多從後說。此書《舊唐書・經籍志》和《新唐書・藝文志》皆未著錄，《崇文總目》首次著錄，但是不提撰者姓名，只說「或云徐彥」。所以《公羊傳疏》是否爲徐彥所作，也存在爭議。

1.16 第二十三課注㉟：「（胡一桂）著有……《朱子詩傳附錄纂疏》……。」（P92）

按：胡一桂之書，或題作「詩集傳附錄纂疏」，或題作「朱子詩傳纂集大成」。

第二十四課注㉖：「王柏：字會之，一字柏會……《詩疑》則刪去《詩經》內所謂淫詩三十二篇……」（P98～99）

1.17 按：陳注「一字柏會」之「柏會」當爲「仲會」之誤。王柏刪詩，或說三十二篇，或說刪三十一篇，尚有爭議。洪湛侯先生參稽眾說，定爲三十一篇，〔註26〕其說可從。

1.18 第二十五課注（5）：「嚴粲，字名卿，一字坦叔。……著有《詩輯》，朱熹《詩集傳》多取其說。」（P101）

按：嚴粲爲南宋後期江湖詩派重要詩人之一，但正史無傳，生平不可詳考。但一般均著錄爲「字坦叔，一字明卿，號華谷。」可知陳注「名卿」當爲「明卿」之誤。「詩輯」，一般多寫作「詩緝」，注文中也宜點明。陳注謂朱熹《詩集傳》多取《詩輯》之說，則顯誤。據林希逸《詩緝序》：「甲辰，余抵京，以同舍生見，時出《詩緝》語我。」戴維先生謂：「甲辰年，也就是淳祐四年，即 1244 年」。〔註27〕其說爲是。而束景南先生考朱熹《詩集傳》成

〔註26〕洪湛侯：《詩經學史》，第 390～391 頁。
〔註27〕戴維：《詩經研究史》，長沙：湖南教育出版社，2001 年，第 383 頁。

於淳熙十三年（1186）十月，〔註28〕又，朱熹卒於 1200 年，其所作《詩集傳》是無論如何也不能取嚴粲《詩輯》之說的。

1.19 第三十一課注（4）：「（朱鶴齡）著有《毛詩稽古編》、《毛詩通義》、《尚書埤傳》、《易廣義略》、《春秋集說》、《讀左日鈔》、《禹貢長箋》等。」（P125）

按：《毛詩稽古編》爲陳啓源所著，陳先生已於本書第二十五課注⑰言及，此處顯爲誤記。

1.20 第三十二課注（5）：「馬瑞辰（1782～1853），字元伯，一字獻生。……清嘉慶十五年（1811）年進士……所著《毛詩傳箋通釋》，以兼採眾說，不立漢、宋門戶著稱。」（P128）

按：關於馬瑞辰生卒年，多有異說。何海燕《馬瑞辰生卒年考辨》從馬其昶說，定爲（1777～1853）〔註29〕，其說甚辨，當從其說爲是。陳注謂馬瑞辰爲嘉慶十五年進士，此據《清史稿》，實誤，馬氏當爲嘉慶十年進士。馬瑞辰爲胡承珙《毛詩後箋》所作序稱胡承珙爲「同年友」，可知二人爲同年進士。李周望編《明清歷科進士題名碑錄》〔註30〕，朱保炯、謝沛霖編《明清進士題名碑錄索引》〔註31〕，潘榮勝編《明清進士錄》〔註32〕皆著錄爲其爲嘉慶十年乙丑科彭濬榜進士第二甲第十八名，胡承珙爲同榜第二甲第八十一名。他著如江慶柏編著之《清代進士題名錄》，朱汝珍輯、劉建業點校之《清代翰林名錄》都有記載。又，馬氏治學雖貫通古今，兼採漢宋，但仍多宗漢學，學界譽胡承珙、馬瑞辰、陳奐三人爲清代「毛詩三大家」，謂其《毛詩傳箋通釋》兼採眾說則是，謂其以不立漢宋門戶著稱，則值得商榷。《清史稿·儒林傳》謂馬瑞辰「撰《毛詩傳箋通釋》三十二卷，以三家辨其異同，以全經明其義例，以古音、古義證其訛互，以雙聲、疊韻別其通借。篤守家法，

〔註28〕 束景南：《朱熹年譜長編》，上海：華東師範大學出版社，2001 年，第 851 頁。
〔註29〕 何海燕：《瑞辰生卒年考辨》，《中國典籍與文化》，2009 年第 3 期，第 117～118 頁。
〔註30〕 李周望編：《明清歷科進士題名碑錄》，臺北：華文書局，1969 年，第 2250 頁。
〔註31〕 朱保炯、謝沛霖編著：《明清進士題名碑錄索引》，上海：上海古籍出版社，1980 年，第 2762 頁。
〔註32〕 潘榮勝編：《明清進士錄》，北京：中華書局，2006 年，第 1010 頁。

義據通深。同時長洲陳奐著毛詩傳疏，亦爲專門之學。由是治毛詩者多推此兩家之書。」〔註33〕是爲確論。

1.21 第三十二課注（7）：「《毛詩義疏》：一作《詩毛氏傳疏》。清陳奐著。」（P128）

按：此處劉師培謂陳奐作《毛詩義疏》，顯爲誤記。《毛詩義疏》當爲隋時劉焯所著。陳奐因知胡承珙作《毛詩後箋》，以爲其體例完備，爲避重複，僅按《爾雅》體例編著成《毛詩義類》。承珙歿後，胡培翬請陳奐續補《毛詩後箋》的《魯頌・泮水》章以下並校訂《毛詩後箋》使其付梓，陳奐始得見承珙書。因此書非陳奐心中之體例，陳奐遂作《詩毛氏傳疏》，或稱《毛詩傳疏》。劉師培或因混淆了《毛傳義類》和《毛詩傳疏》致誤。陳注未點明此誤。

1.22 第三十二課注（9）：「（陳喬樅）與其父陳壽祺均專事西漢今文經輯佚學。……《詩三家遺說》，原名《三家詩遺說考》……並續成其父未完成的《今文尚書經說考》。」（P129）

按：陳喬樅父子以治三家《詩》著稱，然陳壽祺尚有《五經異義疏證》、《禮記鄭讀考》等著作，陳喬樅尚有《毛詩鄭箋改字說》、《詩緯集證》等著作，於此可覘陳注謂陳氏父子專事西漢今文經輯佚學之說不確。此外，學界多以陳氏父子爲今文學派，亦不確。《清史稿・陳壽祺傳》：「壽祺會試出朱珪、阮元門，乃專爲漢儒之學，又及見錢大昕、段玉裁、王念孫、程瑤田諸人，故學益精博。解經得兩漢大義，每舉一義，輒有折衷。」〔註34〕附《陳喬樅傳》：「（陳壽祺）病革，謂喬樅曰：『爾好漢學，治經知師法，他日能成吾志，九原無憾矣！』」〔註35〕「自元和惠氏、高郵王氏外，惟喬樅能修世業，張大其家法。」〔註36〕所以支偉成《樸學大師列傳》列陳壽祺爲吳派。田漢雲先生《中國近代經學史》論曰：「列陳壽祺爲吳派，自無不可，至陳喬樅則可以說兼得吳、皖之長」。〔註37〕其說甚是。劉師培原文謂「陳喬樅作《三家詩遺說》」，亦爲劉氏誤記《三家詩遺說考》爲《三家詩遺說》。陳

〔註33〕趙爾巽等：《清史稿》，北京：中華書局，1977年，第13241頁。
〔註34〕趙爾巽等：《清史稿》，第13246頁。
〔註35〕趙爾巽等：《清史稿》，第13248頁。
〔註36〕趙爾巽等：《清史稿》，第13249頁。
〔註37〕田漢雲：《中國近代經學史》，西安：三秦出版社，1996年，第286頁。

注謂《三家詩遺說》原名《三家詩遺說考》，亦誤。《三家詩遺說》爲清人馮登府所作。陳注謂陳喬樅續成其父未完成的《今文尚書經說考》，亦不確。實則，《三家詩遺說考》爲陳喬樅續成之其父遺作。陳壽祺曾撰《伏生尚書大傳定本》，生前亦未竟，並命陳喬樅續之，陳喬樅乃撰《今文尚書經說考》。

1.23 第三十三課注（5）：「（馬宗梿）著有《春秋左傳補注》、《毛詩鄭詁訓考證》……。」（P131）

按：馬著當爲「毛鄭詩詁訓考證」，陳注於「詩鄭」二字互乙。

二、標點有誤者

2.1 第二十九課：「即宋郭忠恕《佩觿汗簡》、明楊愼《字說》……」（P117）

按：陳先生注「郭忠恕」，已經言及其「著有《佩觿》三卷，闡述文字變遷，考證傳寫錯誤。又彙編古文字爲《汗簡》。」是乃以「佩觿汗簡」爲二書。其說是也。而正文中卻誤標其爲一書，當改。

三、當注而未注者

3.1 第三課：「上古之君，左史記言，右史記動，言爲《尚書》，動爲《春秋》。（劉氏自注：《禮記》鄭注。）「（P11）

補注：《禮記・玉藻》曰：「動則左史書之，言則右史書之。」鄭注曰：「其書，《春秋》、《尚書》其存者。」〔註38〕是劉氏誤記左史、右史之職事，當爲「左史記動，右史記言。」又，《漢書・藝文志》曰：「左史記言，右史記事，事爲《春秋》，言爲《尚書》。」與《禮記・玉藻》所記想反，孔穎達《禮記正義》有辨。〔註39〕但今人多不用此書而採《漢志》之說。

3.2 第五課：「（孔子）刪殷、周之《詩》，定爲三百一十篇。（劉氏自注：以上用《史記・孔子世家》說。）」（P19）

補注：《詩經》學史上，關於《詩經》的結集，存在著采詩說、獻詩說和刪詩說。刪詩說源自司馬遷《史記・孔子世家》，班固《漢書》、《尚書》僞孔安國《序》、陸璣《毛詩草木鳥獸蟲魚疏》、陸德明《經典釋文》多本此。又，此說自孔穎達《毛詩正義》起即被懷疑，朱熹、朱彝尊、崔述、方玉潤、魏

〔註38〕（漢）鄭玄注，（唐）孔穎達疏：《禮記正義》，北京：北京大學出版社，2000年，第 1022 頁。

〔註39〕（漢）鄭玄注，（唐）孔穎達疏：《禮記正義》，第 1022～1023 頁。

源等都有反駁。詳細論述可參閱張西堂《詩經六論》〔註40〕，董治安先生《先秦文獻與先秦文學·〈詩經〉緒說》〔註41〕，洪湛侯《詩經學史》〔註42〕，胡樸安《詩經學》於此也有簡論。今人多以此說不足信。另外，《詩經》三百零五篇，加上六篇「有目亡辭」的笙詩，為三百一十一篇，或舉其成數，曰三百篇，但無有言三百一十篇者。此處，劉氏或於「十」下脫一「一」字，或「一十」二字互乙。此亦應當注明。另外，《史記·孔子世家》言孔子刪《詩》成三百五篇，言孔子刪《詩》成三百十一篇者為《經典釋文》，故疑此處劉氏亦參《經典釋文》之說。

3.3 第十課：「又有扶風杜林得西州漆書古文，亦非僞書，以授衛弘、徐巡。」（P36）第十三課：「而賈徽、賈逵並作《周禮解詁》，衛弘、馬融、盧植、張恭祖皆治之。」（P50）

補注：陳氏於前一處對衛弘作了注釋，第二處未作注釋。兩處均未點明「衛弘」當為「衛宏」。《後漢書·儒林傳》正作「衛宏」。此實為劉師培誤記。

3.4 第十二課：「蓋《公羊》屬今文學，《左氏》、《穀梁》屬古文學。」（P47）

補注：雖然《左傳》和《穀梁傳》「二家義本相近」，〔註43〕但也有很多地方不同，自來說經者，皆以《左傳》為古文學，《公羊傳》、《穀梁傳》為今文學。至崔述《春秋復始》卷一《穀梁亦古文學》，始認為《穀梁傳》為古文學；其弟子張西堂著《穀梁眞僞考》，張大師說；錢玄同也曾撰文，發揚此說。但今人大多不從此說，仍然認為《穀梁傳》為今文經學。本書中，劉氏認為《穀梁傳》為古文學，但劉氏《漢代古文學辯誣》一書，卻三次言及《穀梁傳》為今文學，不嫌其煩，引錄於下：「就《漢志》觀之，則經之立博士者皆今文，以其便於民間誦習也，……《春秋》有《公羊》、《穀梁》二家，《班志》皆言立於學官，則其為今文無疑。」〔註44〕「夫《公羊》之說，今文家言也，《左氏》之說，古文家言也。據《異義》觀之，則《左氏》之說同於《公羊》，而《公羊》之說轉異於《穀梁》。（劉氏自注：足證今文

〔註40〕張西堂：《詩經六論》，第88～97頁。
〔註41〕董治安：《先秦文獻與先秦文學》，濟南：齊魯書法，1994年，14～15頁。
〔註42〕洪湛侯：《詩經學史》，第7～15頁。
〔註43〕余嘉錫：《四庫提要辨證》，北京：中華書局，1980年，第558頁。
〔註44〕劉師培：《劉師培講經學》，南京：鳳凰出版社，2008年，第132頁。

家言亦未必悉同。」〔註45〕「《穀梁》之說，今文家言也。」〔註46〕不知劉氏何以與兩書中牴牾至此？學者共論之。

3.5 第三十二課：「及魏源作《詩古微》，斥《毛詩》而宗三家《詩》，然擇說至淆。龔自珍亦信魏說，非毛非鄭，並斥序文。」（P127）

補注：劉氏《漢代古文學辯誣·論魏氏之說不可從》謂：「若《詩古微》一書，其大旨在於恪宗三家，排斥毛氏。夫三家雖同爲今文，然說各不同，如《關雎》，齊、魯異說是也。況《齊詩》言災異，《韓詩》多雜事，均與《魯詩》不同。故《齊詩》家多斥《魯詩》，《魯詩》家亦輕《韓詩》，乃魏氏於三家之說並舉齊觀，不復審其同異，以淆三家之家法，漢儒有知，果引爲同調否耶？蓋魏氏之書，擇說至淆，以穿穴擅長，凌雜無序，與漢儒篤信家法、墨守師說者大相背馳。」〔註47〕此語可作爲劉氏論魏源「擇說至淆」之注釋。今人多以龔自珍、魏源師從劉逢祿，並且提倡經世致用、積極推進改革，認定二人爲今文學家。其實不盡然。魏源於嘉慶十八年（1813）舉明經，次年入京，並從胡承珙問漢儒家法。其作《詩古微》初刻本曾送胡承珙批閱，胡氏閱後，提出意見數條，魏源改之，十年後再刻《詩古微》。這兩個版本之間存在一定差別。魏源《詩古微》多宗三家，但也有採古文說之處，這是因爲魏源是由古文入今文的緣故。劉師培於魏源治《詩》，不稱其爲今文《詩》家，洵爲卓見。龔自珍自幼隨外祖段玉裁習《說文解字》，亦由古文入今文，所以學術上也不專主一家。龔自珍並無《詩》學專著，其相關言論散見於《五經大義終始論》和《五經大義終始問答》等文中。二人論《詩》，與當時的時代思潮息息相關。此外，我們從劉師培對魏、龔二人的評論中，可以看出劉氏的正統古文經學立場。

（本文原刊於《古籍研究》第57～58合卷，安徽大學出版社，2012年）

〔註45〕劉師培：《劉師培講經學》，第139頁。
〔註46〕劉師培：《劉師培講經學》，第140頁。
〔註47〕劉師培：《劉師培講經學》，第155頁。

鳳凰本朱熹《詩集傳》點校商榷

　　鳳凰出版社 2007 年出版的王華寶先生點校本《詩集傳》，是通行本中點校質量較高的一個本子。據該書「整理說明」所言，本書以《四部叢刊三編》本所收的宋代二十卷本《詩集傳》爲底本，同時也參校了《詩集傳》的其他版本，以及中華書局版的《十三經注疏》，〔註1〕使得該點校本的質量比較高，此本亦爲當今學者廣泛使用。但是，其中也存在一些小問題，雖說是大醇小疵，但終究不便學者使用。本文特對本書的校點疏失加以糾正，以使本書精益求精，亦是爲了便於學界更好地利用本書。本文揭出其中底本不誤，點校本誤錄入者二十七條；底本有誤，點校本當該而未改者八條；標點不當者十七條；以及標點體例不統一和避諱字處理方式不統一者若干條。

　　爲避繁瑣，本書引此本《詩集傳》，一律於引文前標出篇名、章次及正文或注文，引文後注明頁碼，不再另行出注。

一、底本不誤，點校本誤錄入者

　　1.《詩經傳序》：必有自然之音響節奏而不能已焉。(《序》P1)

　　按：篇題作「詩經傳序」，殊誤，當從底本作「詩集傳序」。奏，底本作「族」，節族，其實也就是節奏的意思，但此處不當改。

　　2.《詩集傳序》：淳熙四年丁酉冬十月戊子新安朱嘉序。(《序》P2)

　　按：此《序》乃朱熹自作，亦收於《朱文公文集》，底本正作「朱熹」，此顯係點校本誤錄。

〔註1〕 （宋）朱熹著，王華寶整理：《詩集傳》，南京：鳳凰出版社，2007 年，整理前言第 4 頁。

3. 《周南・關雎》一章注文：此綱紀之首，王<u>化</u>之端也。（P2）

按：化，底本作「教」，不當改。

4. 《周南・桃夭》一章夾註：夭，<u>方驕反</u>。（P6）

按：方驕反，底本作「於驕反」，核《四庫薈要》本、《四庫全書》本的八卷本《詩集傳》，作「音腰」，故亦當以底本為是。

5. 《召南・何彼襛矣》一章、二章正文、一章注文及篇名皆作「何彼<u>穠</u>矣」。（P15～16）

按：底本作「襛」。「穠」為訛字，《四庫總目提要・詩集傳》說陳啟源《毛詩稽古編》已揭明此誤。〔註2〕今人《詩經》譯注本多有誤作「穠」字者，均當改。

6. 《召南・何彼襛矣》一章注文：<u>康棣</u>，栘也，似白楊。（P16）

按：底本作「唐棣」。正文為「唐棣之華」，此乃注文，不當改動正文。

7. 《邶風・終風》一章注文：言雖其狂暴如此，然亦有顧我<u>則</u>笑之時。（P21）

按：「則」，底本作「而」。此顯係點校本誤錄，當從底本為是。

8. 《鄘風・桑中》一章正文：爰採唐矣，<u>沬</u>之鄉矣。（P35）

按：底本作「沬」，朱熹注音曰「音妹」，可見是從未得聲，而非從末得聲的「沫」字。底本正是，校點本誤錄。又，本章注文、二章、三章正文此字皆誤。

9. 《王風・中谷有蓷》一章正文：有女仳離，<u>嘅</u>其嘆矣。<u>嘅</u>其嘆矣，遇人之艱難矣。（P52）注文：<u>嘅</u>，歎聲。（P52）

按：此三「嘅」字，底本均作「嘅」。考阮元刻《毛詩正義》和《四庫薈要》本、《四庫全書》本的八卷本《詩集傳》，此處亦均作「嘅」，故點校本誤，當以底本為是。

10. 《鄭風・遵大路》一章夾註：<u>寁，市坎</u>。（P59）

按：此夾註乃為「寁」字注音，後面脫一「反」字。又核底本，此作「市坎反」。《毛詩音義》作「市坎反」，阮元《校勘記》說：「案：《釋文》校勘，

〔註2〕（清）永瑢等：《欽定四庫總目提要》（標點整理本），北京：中華書局，1997年，第193頁。

市當作市」。〔註3〕作「市」或「市」，音切皆與「寋」相異，阮元說是。故當以底本爲是。

11. 《鄭風‧子衿》一章注文：青青，純綠之色。（P63）

按：底本「綠」作「緣」。常森先生《「純綠」還是「純緣」：一個〈詩經〉學的誤讀》認爲眾家將《詩集傳》本篇中的「純緣」改作「純綠」是錯誤的，並對其此有詳細論證。〔註4〕拙文《阮元本〈十三經注疏〉誤刻六則──兼談古籍校勘中參校對象的問題》申明常森先生的校勘是正確的，並認爲朱熹的注釋，實際上是承自陸德明《經典釋文》，未必如常森先生所說與朱熹之重禮制相關。〔註5〕

12. 《齊風‧敝笱》篇注：按《春秋》，魯莊公……七年，夫人姜氏會齊侯於防。又會齊侯於穀。（P71）

按：「穀」，從木；底本作「穀」，從禾，今簡化作「谷」，但此處乃地名用字，可不必簡化。又核《左傳‧莊公七年》，當以作「穀」爲是。

13. 《唐風‧有杕之杜》一章注文：噬，發語辭。（P83）

按：底本作「發語詞也」。此雖於義無傷，但改動原文則大可不必。又，點校本中將底本的「詞」誤改爲「辭」者頗多，文不備舉。

14. 《陳風‧月出》三章注文：天紹，糾緊之意。（P96）

按：底本「天紹」作「夭紹」。本詩三章正文作「舒夭紹兮」，此乃注文，亦當與正文同，且《四庫薈要》本、《四庫全書》本的八卷本《詩集傳》亦作「夭紹」，故當以底本爲是。

15. 《檜風‧素冠》一章注文：黑經白緯曰縞，綠邊曰紕。（P98）

按：底本「綠」作「緣」，其誤當同《鄭風‧子衿》篇。此說實出自《禮記‧玉藻》注文，彼處亦作「緣」，故當從底本作「緣」爲是。

16. 《曹風‧鳲鳩》二章注文：騏，馬之青黑色者。（P103）

〔註3〕（清）阮元校刻：《十三經注疏》，北京：中華書局，1980年，第343上、318中頁。

〔註4〕常森：《「純綠」還是「純緣」：一個〈詩經〉學的誤讀》，《文獻》，2010年第1期。

〔註5〕陳才：《阮元本〈十三經注疏〉誤刻六則──兼談古籍校勘中參校對象的問題》，《船山學刊》，2012年第1期。〔附註：該文亦收入本書，第146頁。〕

按：底本無「之」字，點校本衍一「之」字，當刪。

17.《豳風‧伐柯》二章正文：我遘之子，籩豆有踐。（P112）

按：底本「遘」作「覯」，阮元刻《毛詩正義》亦作「覯」，故當從底本作「覯」為是。《四庫薈要》本、《四庫全書》本的八卷本《詩集傳》作「遘」，亦誤。

18.《小雅‧常棣》首章注文：「故言常棣之華，則其鄂然而外見者，豈不韡韡乎？（P119）

按：韡韡，底本作「韠韠」。韠實指蔽膝，則「韠韠」不辭；而且，這一句是對詩文「鄂不韡韡」的解釋：故當從底本為是。

19.《小雅‧采芑》三章正文：振振闐闐。（P136）

按：底本作「振旅闐闐」，阮元刻《毛詩正義》同，《四庫薈要》本、《四庫全書》本的八卷本《詩集傳》同。故當從底本。

20.《小雅‧我行其野》三章正文：成不以富，亦祇以異。（P144）

按：底本作「亦祇以異」，阮元刻《毛詩正義》同，故當從底本。《四庫薈要》本、《四庫全書》本的八卷本《詩集傳》誤作「秖」，亦當改。

21.《小雅‧頍弁》一章正文：未見君子，憂心弈弈。（P188）一章注文：奕奕，憂心無所薄也。（P188）

按：此處正文與注文字形不同，必有一誤。核底本，作「弈弈」；又檢阮元刻《毛詩正義》，亦作「弈弈」。故當以正文作「弈弈」者為是，注文為誤。

22.《大雅‧皇矣》二章正文：修之平平，其灌其栵。（P215）

按：底本作「修之平之」，阮元刻《毛詩正義》同，《四庫薈要》本、《四庫全書》本的八卷本《詩集傳》同。故此當以底本為是。

23.《大雅‧皇矣》四章注文：貊，《春秋傳》、《樂記》皆作莫。（P216）

按：底本「貊」作「貉」。這是對正文「貉其德音」進行解釋的，「貊」字顯誤。當從底本作「貉」為是。

24.《大雅‧假樂》一章夾註：假，《中庸》、《春秋傳》皆作嘉，當作嘉。（P228）

按：底本「當作」上有一「今」字，點校本脫。當據補。又，此處標點

與他處不統一，詳下文。

25.《大雅・崧高》一章注文：宣王之舅申伯，出封於謝，而<u>君</u>吉甫作詩以送之。（P248）

按：底本「君」作「尹」，因吉甫官職爲尹，故有「尹吉甫」之稱。遍檢先秦典籍，並無「君吉甫」這個人，故此處顯誤。相同的錯誤還有兩處：本詩八章注文：「吉甫，<u>君</u>吉甫，周之卿士。」（P249）《大雅・烝民》八章注文：「城彼東方，其心永懷，蓋有所不安者，<u>君</u>吉甫深知之，……」（P251）這兩處底本也都作「尹」。

26.《周頌・振鷺》一章注文：言鷺飛於西雝之水，而我客來助祭者，其<u>客</u>貌修整，亦如鷺之潔白也。（P266）

按：底本「客」作「容」，「客貌」不辭，當從底本作「容貌」爲是。

27.《商頌・長發》二章注文：<u>牽</u>，循；履，禮；越，過；發，應也。（P287）

按：底本「牽」作「率」。又，本章正文並無「牽」字，此處當時對正文「率履不越」句的訓詁。且檢《故訓匯纂》，「牽」並沒有訓爲循的用例；而「率」則有循、遵的意思〔註6〕。故此當從底本作「率」爲是。

二、底本有誤，點校本當改而未改者

1.《周南・汝墳》一章夾註：枚，葉莫悲<u>切</u>。（P8）

按：本書注反切，其他的地方都是注「某某反」，唯獨此處作「切」。此字底本作「切」，而元刻本作「反」，故當以元刻本改正，作「葉莫悲反」爲是。

2.《鄘風・定之方中》二章正文：卜云其吉，終<u>焉</u>允臧。（P37）

按：此處底本作「焉」失誤，當作「然」。《四庫總目提要・詩集傳》說此誤爲馮嗣京所校正。〔註7〕阮元刻《毛詩正義》作「然」，其《校勘記》說：「唐石經、小字本、相臺本同，《考文》古本同，閩本同，明監本、毛本『然』誤『焉』。案：《正義》云：『終然信善。』又云：『何害終然允臧也？』皆可

〔註6〕宗福邦、陳世鐃、蕭海波主編：《故訓匯纂》，北京：商務印書館，2003 年，第 1406～1407、1440 頁。
〔註7〕（清）永瑢等：《欽定四庫總目提要》（標點整理本），第 193 頁。

證。」〔註8〕阮校是，當據改，作「終然允臧」。

3. 《魏風・伐檀》一章、二章、三章注文：<u>比也</u>。（P76～77）

按：此處底本作「比也」，但元刻本等作「賦也」。朱師傑人先生點校本《詩集傳》於此三處皆改作「賦也」，並出校勘記曰：「原作『比也』，據元本、明甲本、明乙本改。」〔註9〕本詩一章注文曰：「詩人言有人於此，用力伐檀，將以爲車而行陸也。今乃寘之河干，則河水清漣而無所用，雖欲自食其力而不可得矣。然其志則自以爲不耕，則不可以得禾，不獵，則不可以得獸，是以甘心窮餓而不悔也。」細繹其義，朱熹是以爲此處爲賦，而並非比，故當從朱先生之校勘，作「賦也」爲是。

4. 《秦風・小戎》三章注文：閉，弓檠也，《儀禮》作「柲」。（P87）

按：此係朱熹誤記，《儀禮・既夕禮》「有柲」鄭玄注引《詩》「竹柲緄縢」；柲乃《周禮・考工記・弓人》鄭玄注所引《詩》文。二者任改其一即可。

5. 《陳風・澤陂》一章注文：此詩<u>大</u>旨，與《月出》相類。（P97）

按：底本作「大旨」，用在此處，於義不貫。朱師傑人先生校點本《詩集傳》有校勘記作：「『大』，明甲本、八卷本作『之』。」〔註10〕作「此詩之旨」，於義較順，可從之而改。

6. 《小雅・祈父》一章注文：《<u>康誥</u>》曰「圻父薄違」是也。（P142）

按：檢《尚書》，「圻父薄違」見於《酒誥》，而不見於《康誥》。《四庫薈要》本《詩經集傳》作「酒誥」，故知此底本有誤，當將「康誥」改爲「酒誥」。

7. 《小雅・斯干》六章夾註：寢，叶<u>于</u>檢、<u>于</u>錦二反。（P146）

按：此從底本，但是于是云母字，寢是清母字，「于檢反」、「于錦反」並不能切出「寢」字的讀音。朱子所注叶音，是改動韻部，並未對聲紐有所改動。汪業全說此處的兩個「于」字均當作「千」。〔註11〕千是清母字，汪說甚是。這大概是由於字形相近致誤，此當從汪說，改爲「叶千檢、千錦二反」。

8. 《周頌・雝》篇注：《周禮》：「<u>大</u>師及徹，帥學士而歌《徹》。」（P269）

〔註8〕 （清）阮元校刻：《十三經注疏》，第343上、318中頁。

〔註9〕 （宋）朱熹：《詩集傳》、朱傑人校點：《朱子全書》第1冊，上海：上海古籍出版社、合肥：安徽教育出版社，2000年，第496、528頁。

〔註10〕 （宋）朱熹：《詩集傳》、朱傑人校點：《朱子全書》第1冊，第496、528頁。

〔註11〕 汪業全：《叶音研究》，長沙：嶽麓書社，2009年，第267頁。

按：檢《周禮》可知，此句不見於《大師》，而見於《樂師》，可知此「大師」乃「樂師」之誤。底本有誤，當改正。此外，本句標點亦有誤，說見下文。

三、標點不當者

1. 《周南‧麟之趾》篇注：序以爲《關雎》之應，得之。（P9）

按：此「序」特指《毛詩序》，故當加書名號，作：《序》。相同的錯誤本書還有多處，比如：《衛風‧淇奧》篇注：故序以此詩爲美武公，而今從之也。（P41）《小雅‧雨無正》篇注：據序所言。（P158）

2. 《衛風‧芄蘭》一章注文：容、遂，舒緩放肆之貌。（P46）
3. 《曹風‧候人》四章注文：薈、蔚，草木盛多之貌。（P101）

按：《詩經》中的「A 兮 B 兮」句式，大多應當把「AB」理解爲一個連綿詞，除本詩的「容兮遂兮」外，還如《曹風‧候人》的「薈兮蔚兮」、「婉兮孌兮」，《小雅‧巷伯》的「萋兮斐兮」等等；《詩經》中常見的「叔兮伯兮」、「父兮母兮」，雖不能將「叔伯」、「父母」當成連綿詞，但至少是可以當成一個詞來看的。而且，我們從朱注運用了訓詁術語「貌」來看，朱熹自己也應該是把這個「容遂」和「薈蔚」理解成一個詞的，故此頓號皆當刪。

4. 《衛風‧芄蘭》一章正文：雖則佩觿，能不我知？（P46）二章正文：雖則佩韘，能不我甲？（P46）

按：據朱熹自己的注文，分別將這兩處解釋爲「言其才能不足以知於我也」，「言其才能不足以長於我也」。很明顯，他自己並未將這兩句看成是疑問句，而是當成陳述句的。且不管朱熹之注釋是否正確，今人標點古籍，當據注家之意以斷句，則爲通例。這兩個問號都應該改成句號。

5. 《衛風‧芄蘭》二章注文：韘，決也。以象骨爲之，著右手大指，所以鉤弦闓體。鄭氏曰：「沓也，即《大射》所謂朱極三是也。以朱韋爲之，用以彄沓右手食指將指無名指也。」（P46）

按：「以象骨爲之」云云，也是釋「韘」，故其前不當用句號，而應該改成逗號。「朱極三」見於《儀禮‧大射儀》，故當加引號。將指，指拇指或中指，本句指中指，故其前後皆當加頓號。另，這裡的「著」，應該改作簡體，作「着」爲是。

6. 《衛風・伯兮》四章注文：<u>諼草合歡，食之令人忘憂者</u>。（P47）

按：諼草、合歡，均為草名，晉張華《博物志》認為合歡就是萱草，也即本詩中所說的「諼草」。點校者於此未加標點，顯然不當，諼草與合歡中間應加逗號。

7. 《王風・揚之水》二章注文：<u>《書・呂刑》、《禮記》作甫刑</u>，而孔氏以為<u>呂侯</u>，後為<u>甫侯是也</u>。（P51）

按：《呂刑》為《尚書》之一篇，《禮記・表記》《緇衣》引作「《甫刑》」。故此處當標點為：《書・呂刑》，《禮記》作「《甫刑》」；而孔氏以為「呂侯」，後為「甫侯」，是也。或標點為：《書》「呂刑」，《禮記》作「甫刑」；而孔氏以為「呂侯」，後為「甫侯」，是也。

8. 《鄭風・女曰雞鳴》三章注文：來之，致其來者，如所謂<u>修文德以來之</u>。（P60）

按：「修文德以來之」，語出《論語・季氏》，此為引文，當加引號。

9. 《齊風・雞鳴》一章正文：「雞既鳴矣，朝既盈矣。」「<u>匪雞則鳴，蒼蠅之聲</u>。」（P67）二章正文：「東方明矣，朝既昌矣。」「<u>匪東方則明，月出之光</u>。」（P67）三章正文：「<u>蟲飛薨薨，甘與子同夢</u>。」「<u>會且歸矣，無庶予子憎</u>。」（P67）

按：點校者將三章每兩句分別加上引號，並不符合朱熹原意。朱熹於一章注文中串講章旨曰：「言古之賢妃御於君所，至於將旦之時，必告君曰：『雞既鳴矣，會朝之臣既已盈矣。』欲令君早起而視朝也。然其實非雞之鳴也，乃蒼蠅之聲也。」可以看出，朱熹實以前兩句為君妃所說的話，而後兩句則是敘述人的話，並非二人對話。朱熹於二章並未串講章旨，但說「此再告也」，故當與一章同。因此，這兩章當分別標點為：「雞既鳴矣，朝既盈矣。」匪雞則鳴，蒼蠅之聲。（一章）「東方明矣，朝既昌矣。」匪東方則明，月出之光。（二章）朱熹於三章串講章旨曰：「此三告也。言當此時，我豈不樂與子同寢而夢哉？然群臣之會於朝者，俟君不出，將散而歸矣。無乃以我之故，而並以子為憎乎？」據此，三章的四句當都是君妃所言，故當標點為：「蟲飛薨薨，甘與子同夢。會且歸矣，無庶予子憎。」

10. 《曹風・下泉》篇注文：<u>《詩》、《匪風》、《下泉》</u>，所以居變風之終也。（P103）

　　按：《匪風》乃《詩經·檜風》中的最後一篇,《下泉》乃《詩經·曹風》中的最後一篇,既然都是《詩經》中的篇目,如此標點顯然不當。可改爲：《詩·匪風》《下泉》,或加頓號作：《詩·匪風》、《下泉》或《詩·匪風、下泉》。

　　11. 《小雅·鹿鳴》一章注文：而其樂歌又以鹿鳴起興。(P116)又,本篇注文：按《序》,以此爲燕群臣嘉賓之詩,而燕禮亦云：工歌《鹿鳴》、《四牡》、《皇皇者華》,即謂此也。(P116)

　　按：「鹿鳴」是《詩經》中的一篇,「燕禮」是《禮記》中的一篇,故均當加引號。又,「按」乃按語之按,並非按照之按,故本篇注文中「《序》」後的逗號可刪,以免割裂文義。相同的錯誤在本書中多處出現,不備舉。

　　12. 《小雅·何人斯》五章注文：《字林》云「盰,張目也」《易》曰「盰豫悔」《三都賦》云「盰衡而語」是也。(P166)

　　按：此處於《字林》、《周易》、《三都賦》之間不加標點,並不合適。此處可標點爲：《字林》云「盰,張目也」、《易》曰「盰豫悔」、《三都賦》云「盰衡而語」,是也。

　　13. 《大雅·文王》一章正文：履帝武敏歆,攸介攸止。(P222)

　　按：本句斷句一直存在爭議,或斷同此;或以「歆」此從下句,作「履帝武敏,歆攸介攸止。」此處,我們當據朱熹的注文來斷定朱熹所認定的斷句情況。本章注文曰：「姜嫄出祀郊禖,見大人跡而履其拇,遂歆歆然如有人道之感」云云。很明顯,朱熹的斷句是以「歆」此從下句的,故當標點爲：履帝武敏,歆攸介攸止。

　　14. 《周頌·有瞽》篇注：圉,亦作敔,狀如伏虎,背上有二十七鉏鋙刻,以木長尺櫟之,以止樂者也。(P267)

　　按：「鉏鋙刻」、「以木長尺櫟之」均不辭。《呂氏春秋·仲夏》高誘注曰：「敔,木虎,脊上有鉏鋙,以杖櫟之以止樂。」「長尺」一詞,典籍習見,指長度爲一尺。故此處當標點爲：圉,亦作敔,狀如伏虎,背上有二十七鉏鋙,刻以木,長尺,櫟之以止樂者也。

　　15. 《周頌·雝》篇注：《周禮》：「大師及徹,帥學士而歌《徹》。」說者以爲即此詩。《論語》亦曰「以雝徹」。(P269)

　　按：前文已考「大師」當作「樂師」,是《周禮·春官宗伯》裏的一篇,

故當加書名號。「及徹」云云才是引文。「徹」為祭名，未必為樂名，不必加書名號。「雝」乃篇名，或樂名，當加書名號。正確的標點應該是：《周禮·樂師》「及徹，帥學士而歌徹」，說者以為即此詩。《論語》亦曰「以《雝》徹」。

16. 《周頌·閔予小子之什》末尾：閔予小子之什十一篇，<u>十一章一百三十六句</u>。（P276）

按：此乃對《閔予小子之什》篇數、章數、句數的統計，故章、句數之間當有逗號。本書統計篇章句數的其他地方於此皆有逗號，獨此書缺，可能是手民之誤。當補足逗號，「閔予小子之什」似也應加上書名號，故當標點作：《閔予小子之什》十一篇，十一章，一百三十六句。另，全書其他地方的「某某之什」亦未加標點，似有不妥。

17. 《商頌·那》篇注文：閔馬父曰：「正考父校商之名<u>頌以《那》為首</u>。其輯之<u>亂</u>云云，即此詩也。」（P285）

按：此言「云云」，其後必非閔馬父之語，而是朱熹之語。此語出自《國語·魯語》：「閔馬父……對曰：『昔正考父校商之名《頌》十二篇於周大師，以《那》為首，其輯之亂，曰：……。」〔註12〕故此處當標點為：閔馬父曰「正考父校商之名《頌》，以《那》為首，其輯之亂」云云，即此詩也。

四、體例不一，當統一體例者

（一）標點體例不一處

1. 本書於「某書作某字」處，一般對某書加書名號，某字都加引號，如《周南·漢廣》一章夾註：息，吳氏曰：《韓詩》作「思」。（P7）《小雅·菀柳》一章夾註：上帝甚蹈，《戰國策》作「上天甚神」。（P195）但是，也有一些地方於某書處未加書名號，有些地方於某字處未加引號：

《小雅·車攻》五章注文：柴，《說文》作些，謂積禽也。（P137）為統一體例，此當標點為：《說文》作「些」。

《小雅·角弓》七章夾註：曰，音越，<u>韓詩、劉向作聿</u>。（P195）又，七章夾註：婁，力住反，《荀子》作屢。（P195）又，八章注文：髦，夷髦也。<u>《書》作髳</u>。（P195）這三處當分別標點為：《韓詩》劉向作「聿」、《荀子》作「屢」、

〔註12〕徐元誥：《國語集解》（修訂本），北京：中華書局，2010年，第205頁。

髦，夷髦也；《書》作「髳」。

《小雅・隰桑》四章注文：遐，與何同。《表記》作瑕。（P199）此當標點為：遐，與何同，《表記》作「瑕」。

《大雅・大明》五章注文：倪，磬也。《韓詩》作罄。（P208）又，八章注文：涼，《漢書》作亮，佐助也。（P208）這兩處當分別標點為倪，磬也；《韓詩》作「罄」、《漢書》作「亮」。

此外，還可以舉出一些，如《秦風・小戎》三章注文：閉，弓檠也，《儀禮》作柲。（P87）《小雅・小宛》五章注文：岸，亦獄也，《韓詩》作犴。（P161）《小雅・何草不黃》二章夾註：矜，古頑反，韓詩作鰥，葉居陵反。（P203）《大雅・皇矣》四章注文：貊，《春秋傳》、《樂記》皆作莫。（P216）《大雅・文王有聲》三章夾註：欲，《禮記》作猶。（P220）《大雅・假樂》一章夾註：假，《中庸》、《春秋傳》皆作嘉，當作嘉。（P228）《大雅・公劉》六章注文：芮……《周禮・職方》作汭。（P230）《大雅・民勞》五章夾註：諫，《春秋傳》、《荀子書》並作簡，音簡。（P234）《周頌・維天之命》一章夾註：假，《春秋傳》作何。（P208）又同章夾註：溢，《春秋傳》作恤。（P208）《商頌・烈祖》夾註和注文均有：鬷，《中庸》作奏。（P285）《玄鳥》注文：何，任也，《春秋傳》作荷。（P286）《商頌・長發》六章夾註：曷，《漢書》作遏。（P288）凡此，皆當統一標點體例。

2. 《小雅・常棣》八章夾註：亶其然乎，就用「乎」字為韻。（P120）而《大雅・公劉》四章夾註：君之宗之，就用之字為韻。（P231）二處的乎、之，一處標引號，一處未標引號，體例也不同，當統一為是。

（二）避諱字處理方式不統一

漢代習《齊詩》的學者中，有一位叫匡衡，宋代因避太祖趙匡胤的諱，改「匡」為「康」。宋本《詩集傳》於「匡衡」一律作「康衡」。這個點校本於《周南・關雎》一章注文及篇末注、《周南・兔罝》二章注文皆回改為「匡衡」，（P2、P3、P6）而《周頌・閔予小子》注文中卻又作「康衡」。（P270）按點校古籍的慣例，缺筆避諱字一般改回用正字，而代字避諱的地方，一般則不改。故本書《周南・關雎》篇的兩個「匡衡」皆當仍底本，作「康衡」為是。

（本文原刊於《社會科學論壇》，2013 年第 2 期）

《爾雅注疏》點校零識

　　上海古籍出版社 2010 年出版的《爾雅注疏》一書，較之北大本《爾雅注疏》，底本更善，校勘更精，可謂善本。加之點校者又浸淫《爾雅》學多年，故爲學界所重視。不過，筆者閱讀此書時，偶然發現其中略有失標失校之處。下文列出《爾雅序》及卷一部分之誤，爲避繁瑣，亦爲便於讀者查檢計，逐條列出，按頁碼爲序。

　　1. 鄭司農云：「興者，託於事物。」（第 4 頁）

　　按：《爾雅》諸本皆同。然考之《周禮·大師》鄭《注》，彼處作「託事於物」，更洽文義。故此處「於事」二字互乙，當出校。

　　2. 《字林》巨偃反鉉也，曰轄也。《廣雅》云：「鍵，壯也。」《小雅》云：「鍵謂之鑰。」《方言》云：鑰也，自關而東，陳、楚之間謂鑰爲鍵。或一音巨言反。（第 5 頁）

　　按：《說文》：「鍵，鉉也，一曰車轄。」而核之《通志堂》本《釋文》，「鉉」作「銳」；「曰轄也」上有「一」字，更合《釋文》通例。此處當出校。「巨偃反」下當有句號。又，《廣雅》、《小爾雅》引文皆標明起訖，而《方言》引號失標。點校者或因此處引文爲節引，故未標出引號，然頗有違體例，亦令人有起訖不明之感。「或一音巨言反」並非《方言》文。

　　3. 用袪未瘳（第 8 頁）

　　按：袪字從衣，指袖口。此用祛除義，字當從示。衤、礻二旁俗寫時常常互訛，敦煌俗字習見，宋明時期刻本尤甚。本書校勘記言「雪窗本作『祛』，誤」，不確。

4. 云「此所以釋古今之異言，通方俗之殊語」者，楊雄說《方言》云：「皆古今語也，初別國不相往來之言也，今或同，而舊書雅記故俗語不失其方，而後人不知，故爲之作釋也。」（第 13 頁）

按：「楊雄說《方言》云」不辭，此處，「楊雄說」當從上讀，「《方言》云」當從下讀，二者之間應加句號。

5. 罰義，未聞。（第 14 頁）

按：據下頁邢昺疏「罰者，郭云『義未聞』」，此處標點當作「罰，義未聞。」

6. 賚（第 17 頁）

按：此字，《釋文》注音曰：「賚，力代反，又力臺反。」據此音，此字爲咍韻，當從來得聲，而非從夾得聲。賚是賚的訛俗字，正字當作賚。

7. ……穀、介、徽，善也。（第 18 頁）

按：穀從木，爲樹名，又名構、楮。訓善者，字當從禾，如《左傳》之「不穀」。俗寫中，穀穀二字常互混，然此處正字當作「穀」。

8. 遹，孫云古述字，讀者，亦尹反。（第 20 頁）

按：「讀者」義晦澀，檢通志堂本《釋文》，此處「尹」下奪一字，然此字不清，故用「□」代替。宋刻宋元遞修本此處爲一墨釘。檢《釋文》，卷六有：「與屬：音蜀，注同。讀者亦則音樹。」卷十二：「少喪：如字，下及注皆同。讀者亦息浪反。」卷十四：「惟威「如字；威，畏也。讀者亦依《尙書》音畏也。」卷十七：「我寡君：讀者亦作『寡人』。」卷十八：「如是夫：音扶，讀者亦以夫爲下句首。」卷三十：「涷：謝音東，施都弄反，讀者亦音多。」故知此處當標爲：「讀者亦尹□反。」

9. 漠者舍人曰：心之謀也。（第 21 頁）

按：此處缺一逗號；又，謀，宋刻宋元遞修本《釋文》作「謨」；又，按此書標點體例，舍人之言亦當標引號爲宜。此處當標爲：漠者，舍人曰：「心之謨也。」並出校記，點明此處「謨」字，或本作「謀」。

10. 兒，本今皆作□，五兮反，一音如字。（第 22 頁）

按：檢通志堂本《釋文》，□作「齯」。從下文注音來看，此字亦洽。

11. 《方言》曰：荊、吳、淮、汭之間曰展，燕、岱東齊曰諶，宋、衛曰

詢，亦皆見《詩》。（第 23 頁）

按：此引《方言》說，未加引號，如此標點，會讓人以爲「亦皆見《詩》」也是《方言》文，實則不然。又，「淮汭」之間加頓號，則以汭爲水名，爲涇水支流。如此，則「荊、吳、淮、汭之間」於地無所指。此淮汭當如《左傳》之「淮汭」，指淮水曲處，其下不當標專名線。又，岱與東齊之間當有頓號。此處當標爲：《方言》曰：「<u>荊</u>、<u>吳</u>、淮汭之間曰展，<u>燕</u>、<u>岱</u>、<u>東齊</u>曰諶，<u>宋</u>、<u>衛</u>曰詢。」亦皆見《詩》。

12. 岱，音徒。（第 23 頁）

按：岱、徒音不同，「徒」字顯誤。通志堂本《經典釋文》作「待」，當出校勘記。又，法偉堂《經典釋文》校記曰：「待、岱不同音，待蓋代之訛。」此當一併寫入校勘記。

13. <u>齊</u>、<u>魯</u>之間曰允，<u>燕</u>、<u>代東齊</u>之間曰諶，……<u>荊</u>、<u>吳</u>、<u>淮</u>、<u>汭</u>之間曰展，<u>西甌</u>、<u>毒屋</u>、<u>黃石野</u>之間曰穆……（第 23 頁）

按：代與東齊之間當有頓號，淮汭之標點亦誤，參本文第 11 條。「西甌」二字下皆當標出專名線。

14. 謔、浪、笑、敖，戲謔也。（第 24 頁）

按：本條郭璞注云：「謂調戲也。見《詩》。」既說「見《詩》」，則郭璞以此「謔浪笑敖」爲《邶風・終風》之文，其間不可加頓號。

15. 戲笑邪戲，謔笑之貌。（第 24 頁）

按：「戲笑邪戲」不可解。北大本標點爲：「戲笑、邪戲，謔笑之貌。」亦不確。疑當標點爲：戲笑，邪戲謔笑之貌。

16. 皋陶曰：……（第 25 頁）

按：此處「皋陶」專名線失標。

17. 注「左傳」至「□絕」（第 25 頁）

按：據正文及阮元本，此「□」當爲「韻」字。

18. 《大雅・文王有聲》云：「作豐伊匹。」（第 25 頁）

按：豐爲地名，其下當標專名線。

19. 《魯頌・閟宮》云：「纘禹之緒。」（第 27 頁）

按：「禹」當標專名線。「纘」爲俗字，正字當爲「纉」。

20. 標，婢眇反，……（第 27 頁）

按：正文無「標」字，字作「摽」。「婢眇反」正是「摽」字讀音。俗寫中木旁、扌旁常混，然今人整理本當取正字。

21. 《說文》云：神曰荂，木曰落。（第 27 頁）

按：檢《說文》：「草曰蔩，木曰落。」下頁邢昺疏亦引此文，則此處「神」爲「草」字無疑。

22. 圮（第 29 頁）

按：本頁 8 個「圯」字，皆表示毀壞義，則字當作「圮」。己已巳常混，整理本當改。

23. 《魯頌·閟宮》云：「纘大王之緒。」（第 31 頁）

按：「纘」當作「纘」，見本文第 19 條。大王，即太王，乃王季之父。此處專名線失標。

24. 《大雅·鳧鷖》云：「公戶來燕來宜。」（第 31 頁）

按：戶，當作「尸」。

25. 《漢書·律歷志》云……（第 31 頁）

按：「歷」，當作「曆」。

26. 《左傳》曰：師叔，楚之崇也。（第 31 頁）

按：師叔爲人名，楚爲國名，皆當標出專名線。

27. 杜《注》云：「師叔、潘尫，爲楚人所崇貴。」（第 32 頁）

按：師叔即潘尫，此處標頓號，則以師叔與潘尫爲二人。當改爲逗號。

28. 《書》曰：「西伯戡黎。」（第 32 頁）

按：此「黎」爲地名，故當標出專名線。

29. 釋曰：在隱元年經曰：……（第 32 頁）

按：「在」字不辭。核阮刻本，「在」上有「公羊者」三字，此處當脫去此三字。此處當標點爲：《公羊》者，在隱元年。經曰：……

30. 剌（第 33 頁）

按：據《釋文》注音，此字音七賜反，或七亦反。《廣韻》：「刺，七賜且，又七亦切。」「剌，盧達切。」很明顯，本頁 10 個「剌」皆當作「刺」。

俗寫中，刺、剌形近互混，刻本中多有此誤，可逕改。

31. 校勘記〔三〕：《說文》卷十一雨部：「……臣鉉等曰，今別作廊，非是。」（第 34 頁）

按：引號位置有誤，「臣」下十字，乃徐鉉之語，非《說文》語。

32. 校勘記〔四〕（第 34 頁）

按：奕、弈俗寫相混。廾每俗寫作大。此校不出可也。

33. 校勘記〔一三〕（第 36 頁）

按：恊爲協之俗字。十旁每俗寫作忄旁，如博之寫作愽。此校不出可也。

34. 校勘記〔一八〕（第 36 頁）

按：本條校勘記中三個「兒」字皆當作「兒」。

35. 校勘記〔二一〕（第 37 頁）

按：弃爲棄之古字，此校不出可也。

36. 校勘記〔二七〕（第 37 頁）

按：作「標」者乃誤字，參本文第 20 條。此校不出可也。

（本文原刊於《天一閣文叢》第 16 輯，浙江古籍出版社，2018 年）

也說「致敬國學」
——兼及幾點眞誠的建議

　　前段時間，由於媒體的強大攻勢，「致敬國學——首屆全球華人國學大典」的舉辦引起了不小的轟動效應。評獎名單出爐後，學術界褒貶不一，歡呼雀躍者有之，冷眼旁觀者有之，鄙夷不屑者亦有之。之所以鄙夷不屑，也並不是毫無理由的。從筆者在鳳凰網網站獲得的這份獲獎名單來看，當今學界的一些名家的優秀學術著作入圍獎項，這自然沒有什麼問題。但是，這個獲獎名單確實做得比較粗糙，也是事實。比如，把陳來《孔夫子與現代世界》、劉笑敢《詮釋與定向：中國哲學研究方法之探究》當成經部之學，把朱鳳瀚《中國青銅器綜論》、李弘祺《學以爲己：傳統中國的教育》當成史部之學，把晁福林《天命與彝倫：先秦社會思想探研》、陳祖武《清代學術源流》當成子部之學，把陳弱水《唐代文士與中國思想的轉型》、虞萬里《榆枋齋學林》、《王國維全集》、蔡茂哲《殷墟甲骨綴合通編》、《中國古籍總目》、陳祖武《清代學術源流》當成集部之學，這些顯然都是錯誤的。特別是同樣是研究儒學的著作，居然頒給《中國儒學史》一書子部之學獎，而頒給《中國儒學之精神》經部之學獎，頗讓人啼笑皆非。如果不是事先知道這個評獎活動有湖南大學嶽麓書院這樣的學術機構的參與，肯定會讓人覺得這個很不專業的評獎是一個很草根的非學術行爲。

　　於是，這個頗具轟動效應的大獎，引來了一些學者的質疑。其中最爲人詬病的，就是主辦者將「國學成果獎」分爲經部之學獎、史部之學獎、子部之學獎、集部之學獎，這顯然不符合當下的學科體系和學術現狀，今人的許

多研究性著作無從歸類。《中華讀書報》2014 年 11 月 5 日刊發了章啓群同志的文章《新文化與「四部之學」——說「首屆全球華人國學大典」之偽》就對這個問題進行批評，糾正主辦方的一些錯誤認識，不過，指斥其為偽，則略顯得有點過分。湖南大學嶽麓書院院長朱漢民教授於 2014 年 11 月 19 日在《中華讀書報》發表《真誠做事，無意作偽——兼答章啓群先生》一文，對獎項評選的相關情況作出了說明，並對章啓群同志的批評作出回應。

誠如朱漢民教授在文章中所說，「人文社會學科評獎確實是一件非常難的事情」，且不說「國學」這個概念一直存在著爭議，「國學」是否可以作為一個學術概念，準確地對其內涵加以界定，目前還無法解決；朱漢民教授說的這個「非常難」，不僅僅在於眾口難調，更在於評獎標準自身是否可以作為標準。因之，這個獎恐怕很難做到令所有人都滿意，比如，「國學傳播獎之年度卓越傳播大獎（圖書類）」將《陳寅恪的最後二十年（修訂本）》收入，恐怕不大能說服我。這個獎項將《儒藏（精華編）》列入，這套書每本定價 500 元人民幣，就國人的購買力來說，這套書很多人都買不起，那麼它在傳播方面能起到多大作用呢？而正是因為難辦，主辦者敢於承擔這項重任的魄力與勇氣就格外令人佩服。

朱漢民教授在文末也承認，「事實上，文末在評獎結束後，也發現這次活動存在許多不完善的地方」，並對學界提出殷切期望，「所以，我們盼望學界同仁能夠提出意見和建議，尤其是盼望出於對國學的真誠敬意、對學者的真誠尊重的意見和建議」。的確如此，做事不能僅靠真誠，還更需要能力與智慧。朱漢民教授言辭懇切，嚶鳴求友之意溢於言表。筆者真切地感受到朱漢民教授的真誠，並因此而很受感動，於是也就不揣淺陋，真誠地提出幾點建議，希望主辦方垂察，並在今後的舉辦這個活動時考慮適當採納拙見。

首先，關於評獎過程。拜讀朱漢民教授的文章後，我確信這次評獎是公平、公正的。但是，這個活動的「頂層設計」還可以做一些優化，因為優秀的學術著作的評審，恐怕還不僅僅需要看似公平、公正的評審過程。筆者從網上得知，這次活動還聽取了網友的意見，以後恐怕應該取消這一部分意見。網友這個群體比較複雜，雖然不乏一些頗有見地的專家，但是，我們也不能排除其中有灌水的成分，不能排除外行選內行的嫌疑。學術評獎是一項嚴肅的事情，其性質與「超級女聲」之類的娛樂活動畢竟不同，更需要同行專家，甚至權威專家的意見。最好還可以附上推薦和評審專家的名字，將這個活動

的公正性與公信力向學界展示。

其次，關於國學成果獎的分類。具有目錄學史常識的人都知道，不同時代，因學術現狀的不同，書籍分類會因之而不盡相同。我們知道，《漢書·藝文志》將當時圖書分爲六藝略、諸子略、詩賦略、兵書略、術數略和方技略六類，至晉人荀勖《中經新簿》始有圖書的甲乙丙丁四部之分。再有，同樣是經史子集四部分類，《隋書·經籍志》與《四庫總目》在一些書目的具體歸類上也不盡相同。而且更爲重要的是，經史子集四部本來只是一個圖書分類法，它與學術息息相關，但卻不是學術分類法，若用其以對今人的研究性著作進行分類，難免會有削足適履之感。「首屆全球華人國學大典」在分類上的錯誤，正緣於此。現代學術有現代學術的分類，愚以爲，分類應該儘量切合當下實際，而並不能一味崇古。而恰當的分類，恐怕還需要集思廣益，實在不得已，以第一組、第二組、第三組的形式也好過錯誤分類。

再次，國學成果獎內容上應該更豐富一些，涉及面更廣一些。我們看到這份獲獎名單大多集中在文史哲領域，而且都是以漢語古典爲研究對象的漢語學術著作，今後是否可以考慮多照顧到涉及傳統文化的其他學科，比如科技史、中醫學等學科參選？是否可以讓少數民族語文的著作以及研究少數民族傳統文化的漢語著作參選？

最後需要說明的是，「首屆全球華人國學大典」雖然存在一些可以說是硬傷的問題，但是，我們眞切地感受到了主辦方的眞誠、積極的態度，以及勇於擔當的責任和勇氣，希望這個活動不斷吸取經驗和教訓，可以越辦越好。

（本文原刊於《中華讀書報》，2014 年 12 月 10 日第 15 版）

古籍整理失誤片談

　　古籍的整理工作，古已有之，起碼可以上溯到先秦時期。《國語・魯語》中記載「正考父校商之名《頌》者十二篇於周太師」、《論語・子罕》中記載孔子使「樂正，《雅》《頌》各得其所」，就是我們所熟知的古籍整理實踐。當下，我們要傳承中華優秀傳統文化，其中一個重要的工作就是對古籍進行整理，使之在當下學術生態中更廣泛地傳播，而讓大眾從中獲取精神營養。當下的古籍整理工作，傳統的方式主要有標點、校勘、注釋、今譯、疏證、輯佚等；隨著學術的不斷發展和技術的不斷革新，還產生了諸如編製索引、影印出版、古籍數字化之類的新型整理方式。其中，標點、校勘和注釋是古籍整理中最基礎的工作，直接決定了古籍整理工作的質量。

　　從事古籍整理工作，需要整理者既精通相關專業基礎知識，又接受過古文獻學基礎知識的訓練。古籍整理工作者要掌握古籍內容相關的專業基礎知識，比如，整理一部古代詩集，需要整理者起碼要懂得詩歌格律；整理一部古代醫書，起碼要有一定的中醫基礎知識；整理一部古代音樂文獻，起碼要對古代音樂有一定瞭解。漢代，劉向奉詔校中秘書，就是由劉向領銜，而「光祿大夫劉向校經傳、諸子、詩賦，步兵校尉任宏校兵書，太史令尹咸校數術，侍醫李柱國校方技」[註1]。這是最早關於區分專業以進行古籍整理的明確記載。雖然當時整理方式與今人古籍整理有著諸多不同，但這個方法無疑為後人提供了典範。與此同時，從事古籍整理工作還要求整理者要經過古文獻學的系統訓練，掌握目錄、版本、校勘方面的常識，以查找並判定版本，分析

〔註1〕　（漢）班固撰，（唐）顏師古注：《漢書》，北京：中華書局，1962年，第1701頁。

其源流，梳理其系統，以確定底本、參校本，撰寫校勘記等；同時也需要掌握文字、音韻、訓詁等方面的基礎知識，以識文斷句，弄懂文義。

　　古典學術研究工作者，遇到不懂原文的情況，可以避而不談，而古籍整理工作者則無法迴避。這就要求古籍整理工作非具有深厚學養者不能為。但是具體整理工作中，往往存在一些尷尬：其一，原作者與整理者之間知識背景不對稱的尷尬。中華傳統文化博大精深，古代的一些著作往往包羅萬象，或經史子集四部兼備，或涉及天文地理、職官典制等等諸多方面。現實中，很難找到這樣的通才來整理古書。其二，學術評價機製造成的尷尬。在現行學術評價體系中，對古籍整理著作不夠重視，有些單位在計算成果時「打折」，更有甚者，將古籍整理著作不算成果。這種學術評價機制，造成了社會有廣泛需求，而有能力者卻不願意為的尷尬。其三，古籍整理可以在多大程度上容錯的尷尬。古籍整理失誤難免，但是對失誤的性質要加以區分。有些內容相對單一的古籍，若整理中存在許多失誤，自然需要嚴厲批評，但像十三經、二十四史這樣的經典著作，整理者付出了再多艱辛與血汗，恐怕也不可能杜絕其中存在這樣那樣的問題。一些學者參與討論，「疑義相與析」，並撰寫糾錯文章，有益學術。但這些失誤有時候會被行外，甚至是古代文學、古代史專業從未參與過古籍整理工作的學者無限放大，進而故意引起公眾狂歡，進而由學術批評變為人身攻擊。其四，具體操作層面的尷尬。比如，古籍整理行業標準尚未建立，現有規範不夠完善，特別是全式標點符號有時候存在可爭議空間、繁體字規範字形尚未確定；明知道某個重要的版本在公藏機構收藏，卻因管理規定等因素而看不到；一些不具備從業資質的學者或出版機構也參與其中；等等。

　　下文結合具體案例，從標點、校勘、注釋和其他這四個方面來談一談古籍整理中的一些失誤，並提出自己的一些思考。

一、標點失誤

　　古籍標點是最見功力，也最容易出現失誤的地方，稍有不慎，就會出錯。從失誤的性質來看，有些是無心之失，有些是點校者學力不足之失。古籍讀不完，知識學不盡。標點古籍時，遇到一些超出點校者既有知識經驗的情況，恐怕並不會是小概率事件，所以難免會出現這樣那樣的標點失誤。我整理《松泉集》中部分內容，其中出現了一些標點錯誤，承責任編輯細心審稿，予以

指出。但即使是這樣，現在還能從中發現我的一些標點錯誤。

而從形式來看，標點失誤則主要有技術性失誤和知識性失誤兩類。

（一）技術性失誤

古籍整理標點的技術性失誤，主要出現在標點符號的使用上。由於目前沒有專門的行業標準出臺，只有行業內默認的習慣，而有些習慣性標點方式還存在爭議的空間，導致一些古籍整理著作產生了一些技術性失誤。

全式標點中，專名線的標法就常常讓古籍整理者頭疼。比如，「文淵閣大學士」之類詞中的「文淵閣」，有的標專名線，有的不標，各有理由，讓人莫衷一是。再如，「北京大學圖書館」「廣西大學文學院」一類的詞，目前有兩種標法：一是全部加專名線（如中華書局《新五代史》修訂版，修訂凡例第 2 頁）；一是只「北京大學」「廣西大學」加專名線（如中華書局《方言箋疏》，點校前言第 6 頁）。從地名需標專名線這個角度來看，「圖書館」「文學院」不是地名，後者是正確的；而從機構名可標專名線的角度來看，「圖書館」「文學院」只是一個二級機構，也是不需要標專名線的。這雖然出現在前言中，不是整理的內容，但涉及對專名線的認識問題，故而一併提出。

有一些習慣性標點方式，行業內默認遵守，但有些學者，甚至是知名學者，因標點經驗不多而忽視了這樣「行規」。比如，上海文化出版社出版的《春融堂集》，點校者精於詞學，故而在詞集標點中，很好地貫徹了詞集「韻用句，句用逗，逗用頓，駢驪處用分」的傳統標點格式。然而，該書將詩歌標題加標點的做法，則不合「行規」了。按照通行規則，標題是不加標點的。還如，「王氏」，一般全標專名線，而「姓王氏」，則只「王」字標專名線，「氏」字不標專名線。中華書局《新五代史》修訂版將「本姓王氏」的「王氏」標了專名線（第 83 頁），有待改正。又如，王守仁被尊稱為陽明先生。在標專名線時，「陽明先生」四字需要全標，但中華書局本《朱子晚年全論》第 2 版僅標「陽明」，於「先生」二字不標（凡例第 2 頁），這就不合理了。

（二）知識性失誤

古書用語簡潔，有些詞語會給今人的理解帶來困擾，比如，先秦典籍中的「詩」，是指《詩三百》，還是其他詩歌，「禮」是指某部禮書，還是某個具體的禮儀，有時候很難區分，常讓點校者犯難。上海古籍出版社本《王荊文公詩箋注》：「詩：『退食自公。』」（第 240 頁）這裡的「詩」顯然指《詩經》，

要加書名號。

　　古代著作，特別是一些學術大家的著作，往往牽涉極廣，標點時就難免會出現一些知識性失誤。比如，中華書局本《晉書》卷二十四《職官》「太僕，統……車府典牧，乘黃廄、驊騮廄、龍馬廄等令」（第 736 頁），當標作「車府、典牧、乘黃廄、驊騮廄、龍馬廄等令」；「少府，統材官校尉、中左右三尚方、中黃左右藏、左校、甄官、平準、奚官等令，左校坊、鄴中黃左右藏、油官等丞」（第 737 頁），晉代官職有中黃令、左右藏令、鄴丞、中黃丞、左右藏丞，應標作「中黃、左右藏」「鄴、中黃、左右藏」；「司隸校尉……記室書佐、諸曹書佐守從事、武猛從事等員」（第 739 頁），諸曹書佐和守從事是兩個官職，中間應加頓號。又如，中華書局本《通典》卷三十七《職官》第六品「王郡公侯郎中令、中尉、大農」（第 1005 頁），檢視《四庫全書》本和日本宮內廳書陵部藏北宋本，作「王郡公侯郎中令　中尉　大農」，則此處當空一格，不宜標頓號。考晉代官制，王國「有郎中令、中尉、大農為三卿」，但到東晉時，「公國則無中尉」，「侯國又無大農」，〔註2〕很顯然，點校本改動原書而標出頓號，是失當的。又如，上海古籍出版社本《論語後案》「此所謂『德以躬行無虧』言」（第 39 頁），就破句了，當標作「此所謂德，以躬行無虧言」。宋儒朱震字子發，中華書局本《朱子晚年全論》第 2 版於「朱子發謂……」（第 33 頁），「朱子」二字標專名線，「發」下專名線失標了。

　　又如，上海古籍出版社 2007 年出版的段玉裁《經韻樓集》，其中《祭戴東原先生文》，整理者標點為：

> 維乾隆四十三年，歲次戊戌，十月丁巳朔越八日，弟子巫山縣知縣段玉裁謹遣役李志德，以清酌庶羞之奠，致祭於吾師戴東原先生之靈曰：

> 嗚呼！先生名世之英，儲靈匯秀，先覺群生。自漢以後，六籍晦冥，辭章浮豔，道學虛聲，一華一空，無補於經。聖人之道，下學乃精。詁訓制度，物有其情。公實生知絕學，乃廣六書九數，條貫縱橫，至賾不亂。胸羅列星，乃瀹其源，乃摭其菁。郊廟鴻巨，菹醢瑣零，天象地輿，制儀寫形。典謨雅頌，天人性命，洞發重扃，

〔註2〕（唐）房玄齡等：《晉書》，中華書局，1974 年，第 743、745、745 頁。

殷奏其聲。潤色萬物，流決杳冥。無疑不泮，無謬不劉。

　　聿自癸未，始識先生。幸得爲徒，執摯請正。先生曰否，相友
相型。玉裁唯唯。師弟之盛，盛於炎漢。《六經》孔明，昌黎抗顏。
籍湜硜硜，恥學於師，願鑒其醒，十年四聚，問答紛縈。如霧得霽，
如劍得鎣。同之太原，同居燕京。行則同輿，飯則同鉶。自慚蠢愚，
不窹多瞠。別久會希，溯洄依坙。弟子至蜀，師揚於廷。間闊五千，
書郵不停。每奉翰墨，如聆咸韺。云胡丁年，起起悼驚。足疾而隕，
庸醫可剄。易簀之前，書來錦城。細論音均，繩墨以絣。切切節節，
丁丁嚶嚶。仲秋告歸，養痾筆耕。鄙人狂喜，亦擬東行。自今從遊，
投老合并。豈意山頹，梁木其傾。哀音至蜀，風淒雨霝。翩其丹旐，
言返休寧。遺書誰取，碑石誰銘？先生之才，而不公卿，禮樂鞴散，
以光太平，先生之德，而不遐齡，鮐背凍梨，申公宓生。海內故交，
淒其涕零。著錄多士，哭寢失聲。矧茲淺劣，尤辱丁寧。負土九江，
仰慚桓榮。日月如駛，東望傷情。一介之使，隻雞之誠，用述故言，
用慰幽靈。無戀陔蘭，陔蘭孔馨。微言未絕，竊願參訂。魂兮有知，
鑒此心盟。尚饗！（第 181～182 頁）

祭文正文部分的標點有破句，以致文義有晦澀難解處。鳳凰出版社 2010 年
出版的《經韻樓集》與此大同小異，只是略有修正，將上海古籍版「菹醢瑣
零」和「以光太平」後的逗號改爲分號，將上海古籍版的「溯洄依坙」改爲
「溯洄依璽」。（第 174～175 頁）經核對底本，當以「坙」爲是。而兩書中
的「投老合并」，其義不解，底本中作「投老合并」。其實這個正文部分應該
是韻文，韻腳爲梗攝字。這段話的正確標點應該是：

　　嗚呼先生，名世之英。儲靈匯秀，先覺群生。自漢以後，六籍
晦冥。辭章浮豔，道學虛聲。一葦一空，無補於經。聖人之道，下
學乃精。詁訓制度，物有其情。公實生知，絕學乃賡。六書九數，
條貫縱橫。至賾不亂，胸羅列星。乃瀹其源，乃摝其菁。郊廟鴻巨，
菹醢瑣零。天象地輿，制儀寫形。典謨雅頌，天人性命。洞發重扃，
殷奏其聲。潤色萬物，流決杳冥。無疑不泮，無謬不劉。

　　聿自癸未，始識先生。幸得爲徒，執摯請正。先生曰否，相友
相型。玉裁唯唯，師弟之盛。盛於炎漢，《六經》孔明。昌黎抗顏，
籍湜硜硜。恥學於師，願鑒其醒。十年四聚，問答紛縈。如霧得霽，

如劍得鎣。同之太原，同居燕京。行則同輿，飯則同鉶。自慚蠢愚，
不寤多瞠。別久會希，溯洄依堅。弟子至蜀，師揚於廷。間闊五千，
書郵不停。每奉翰墨，如聆咸韶。云胡丁年，起起悼驚。足疾而隕，
庸醫可剄。易簀之前，書來錦城。細論音均，繩墨以絣。切切節節，
丁丁嚶嚶。仲秋告歸，養疴筆耕。鄙人狂喜，亦擬東行。自今從遊，
投老合并。豈意山頹，梁木其傾。哀音至蜀，風淒雨霝。翩其丹旐，
言返休寧。遺書誰取，碑石誰銘。

　　先生之才，而不公卿。禮樂繡黻，以光太平。先生之德，而不
遠齡。鮐背凍梨，申公宓生。海內故交，淒其涕零。著錄多士，哭
寢失聲。矧茲淺劣，尤辱丁寧。負土九江，仰慚桓榮。日月如駛，
東望傷情。一介之使，隻雞之誠。用述故言，用慰幽靈。無戀陔蘭，
陔蘭孔馨。微言未絕，竊願參訂。魂兮有知，鑒此心盟。尚饗！

還如，學界公認《詩經》中的句子至少二言，而有的書多次標出一言。
《邶風・終風》三章：「終風且曀，不日有曀。」中西書局本《詩經通解》
標作：「終風且曀。不，日！有曀！」（第 37 頁）《秦風・小戎》首章：「小
戎俴收，五楘梁輈。遊環脅驅，陰靷鋈續。文茵暢轂，駕我騏馵。言念君子，
溫其如玉。在其板屋，亂我心曲。」中西書局本《詩經通解》標作：「小戎
俴收。五楘梁輈。遊環，脅驅，陰，靷，鋈續。文茵，暢轂。駕我騏馵。言
念君子溫其如玉，在其板屋。亂我心曲。」（第 133 頁）《大雅・蕩》二章：
「文王曰咨，咨汝殷商。曾是強禦，曾是掊克。曾是在位，曾是在服。天降
滔德，女興是力。」中西書局本《詩經通解》標作：「文王曰：『咨，咨，汝
殷商！曾是強禦，曾是掊克，曾是在位，曾是在服。天降滔德，女興是，力。」
（第 355 頁）顯然有誤。

二、校勘失誤

　　與標點失誤相同，古籍整理中的校勘失誤，也可以分技術性失誤和知識
性失誤兩類來看。

（一）技術性失誤

　　校勘的技術性失誤，主要是由於古籍整理者對於校勘常識陌生而產生
的。比如，在確定底本時，有些整理者未經嚴格比對，不做長編，就隨意確
定底本。某點校者選用稿本作底本，而用刻本作參校本。我在審讀該稿件時，

發現該稿本並不如刻本精善，就向點校者提出了考慮換底本的意見。也有些整理者未對版本源流作出梳理，就確定底本和參校本，撰寫校勘記。比如，北京師範大學出版社出版的《胡安國〈春秋傳〉校釋與研究》，只是羅列諸多版本，對其源流未作梳理，甚至在許多版本未曾寓目的情況下，就展開校勘工作。又如，我曾參加一個學術會議，某位學者提交的文章自稱是對《毛詩注疏》進行校勘。實際上，該文只是羅列諸多版本中的異文，也沒有梳理出版本系統，這只能算作長編而已，並不是校勘。

　　還有，業內有一些公認的校勘常識，如：底本不誤而參校本誤，不出校勘記；底本用字與參校本用字是通假關係，不出校勘記；底本明顯訛誤可以徑改，不必出校勘記。而有些整理者因不熟悉這樣規範，出了校勘記。這樣的例子並不少見，如上文提及的《胡安國〈春秋傳〉校釋與研究》有校勘記：「『焉』，四庫本、博古堂本、文盛堂本並做『惡』。」（第 108 頁）語氣上看，作「焉」是，故不需出校。「『邪』，明內府刻本、四庫本、博古堂本、文盛堂本並作『耶』。」（第 105 頁）作語氣詞用的邪、耶，混用無別，不需出校。「『魯』，明內府刻本、四庫本並作『曾』。」（第 143 頁）。從下文來看，這裡肯定是「曾子」而不會是「魯子」，可以徑改為「曾」。

　　此外，校勘與研究不同，而有些整理者忽視了二者的界限。比如，《胡安國〈春秋傳〉校釋與研究》的校勘中，常常列出《公羊傳》《穀梁傳》的異文。《春秋》三傳異文，已經屬於研究的範疇了，若從校勘角度開看，此舉花了工夫，卻屬蛇足。

（二）知識性失誤

　　校勘的知識性失誤，主要是由於相關知識背景欠缺，造成該校的沒校，不該校的卻校了。比如，古籍中「厎」字常訛成「底」，以致學者往往忽視二字差異，以為可以通假，故而不作校改。這個失誤是由於對文字學不夠瞭解導致的，其實應該直接回改。又如，《春秋胡傳》言及《鄭風·狡童》時說「詩人刺忽之不昏於齊」，《胡安國〈春秋傳〉校釋與研究》將「詩」改為「鄭」，並出校勘記曰：「據《詩經·國風》和上下文意改。」（第 55 頁）所謂「詩人」，是古人對《詩經》某篇作者的稱呼，改成「鄭人」既無版本根據，也不合語言習慣。這個失誤是由於不明改字原則、不明古人語言習慣導致的。又如，上海古籍出版社本《王荊文公詩箋注》：「《語》：『道不行，乘桴浮於海。從我者，其由與之。』」（第 240 頁）「其由與之」，文義不通。所謂《語》，即《論

語》。檢視《論語・公冶長》，「之」爲衍文。此處應標點爲：「從我者，其由與？」並出校說明刪字情況。這個失誤是由不熟元典導致的。又如，上海古籍出版社本《新校經義考》，爲「蔣弘道」出校曰：「《四庫薈要》本作『蔣宏道』。」（第 5 頁）作「宏」顯然是避乾隆的諱。乾隆登基時，大學士鄂爾泰上書提議御名「弘」字諱改作「宏」，乾隆未允准，認爲缺末筆就可以了。而乾隆二十八年，又規定「科場文字及一切文移書奏」要寫成「宏」。到乾隆三十四年又有所鬆動，故而其時缺末筆的「弘」和「宏」並存。華夏出版社本《宋人經筵詩講義四種》出校曰：「『謹』，四庫本作『愼』。」（第 144 頁）宋孝宗名趙昚，宋人諱其嫌名，愼字或缺筆，或改作謹。如此來看，這兩處是不需要出校的。這兩個失誤是由不熟悉避諱文化導致的。

開展古籍校勘工作，必須具備文字學知識。比如，《宋人經筵詩講義四種》於「何彼襛矣」出校曰：「襛，底本及叢書集成初編本等作『禯』，據四庫本改。」《毛詩》文本是作「襛」的。從文字學角度來看，礻、衤、禾旁常混。〔註3〕襛是正字，禯、襛都是訛俗字。張參《五經文字》：「襛，見《詩・風》。從禾者訛。」可見，這個校改不當。

開展古籍校勘工作，必須具備目錄學知識。往往有些其他領域內的專家，因不熟悉目錄學知識而出現了失誤，有的誤據俗本，有的對版本源流判斷失當。比如，有整理者以四部備要本作爲底本，顯然不合理。《宋人經筵詩講義四種》中的第二種爲張栻《詩講義》，整理者據四庫本來整理，也顯然是選擇了一個不恰當的底本。《胡安國〈春秋傳〉校釋與研究》認爲《春秋胡傳》的內府本和四庫本「同屬一源」（校釋說明第Ⅷ頁）。《四庫總目》標稱該書底本爲通行本，顯然並不是內府本。這樣的判斷就會影響到校勘質量。

開展古籍校勘工作，往往還要對古書成書情況有所瞭解。比如，《清史稿》《清史列傳》都記載張廷玉於雍正三年（1761）七月署大學士事，四年授文淵閣大學士，五年進文華殿大學士，六年二月進保和殿大學士，七年加少保；而汪由敦爲張廷玉作的墓誌銘說：「甲辰七月，署大學士事。丙午二月，授文淵閣大學士，兼管戶部。十月，進文華殿大學士。戊申三月，進保和殿大學士，兼管吏部。十月，加少保。」〔註4〕我在點校《松泉集》時，

〔註3〕 陸明君已言及礻、禾旁常混，於衤旁關注不夠。其實三旁互混比較常見。見陸明君：《魏晉南北朝碑別字研究》，北京：文化藝術出版社，2009 年，第 99 頁。
〔註4〕 （清）汪由敦撰，張秀玉、陳才校點：《松泉集》，合肥：黃山書社，2016 年，

注意到了這個差異，但於此未出校勘記。我的思考是，像這類正史記載與墓誌銘不合的現象應該比較普遍，而這恐怕是各自史料來源不同造成的，並不宜將其簡單地當成錯誤來看待，從而出校勘記。而有些學者據墓誌銘校正史，甚至說墓誌銘可以補正史之缺，恐怕不太妥當。

三、注釋失誤

相較於標點和校勘來說，注釋是更高層次的整理工作，也更容易出錯。尤其是元典的注釋，往往用功多而收效少，出錯率卻高。注釋是一個探索活動，錯誤在所難免。凡探索，哪怕是錯誤的，只要不是無根之遊談，都值得鼓勵。但是，也有些學者不明訓詁而注書，這樣就難免出出現本不該出現失誤，更有甚者，該注的不注，不該注的亂注。

有些學者在自己專業領域內取得不俗的成就，但是其專業與訓詁學不搭界，故而對訓詁學沒有理性認識。比如，中華書局本《四民月令校注》「其有贏帛，遂成秋製。」整理者注釋說：「『製』是指作成的衣服。」（第 21 頁）其實，製本義是裁衣服，引申指衣服。這裡的「製」就是指衣服，而不必指「作成的衣服」。又如，某書初版將「六轡」解釋為「六匹馬」（第 191 頁）；將「或」解釋成「或者」（第 307 頁）；將「宿」解釋成「住宿」（第 320 頁）；將「兵，兇器」的「兵」解釋成「軍隊」（第 346 頁）；將「首鼠」解釋成「猶言首尾」（第 439 頁）。該書修訂時，出版社約我做審讀編輯，我提示作者將以上誤譯加以修改：六轡是指六根韁繩，拉的是四匹馬；或是指可能；宿是指隔夜；兵，此處指兵器；首鼠，連綿詞，即躊躇，指猶豫。

有些學者對於訓詁學認識不足，也參與注書，往往就只是依靠《漢語大詞典》這樣的工具書，這樣就難免會出現錯誤。比如，有學者校注陳柱的《中國散文史》，注釋「班班」一詞，羅列《漢語大詞典》的三個義項（第 10 頁）；注釋「至今則之」的「則」為「法則、準則、仿傚」（第 72 頁）。稍具訓詁學常識的人就會知道，一個詞在句子中怎麼可能會同時有三個意思。同書「執事」一詞，被校注者注釋成「漢朝廷施職兵權的部分」（第 94 頁）；「六甲」一詞，是指一種詩體，凡二十句，每二句首字為自甲至癸的天干十字，卻被校注者注釋成「六個甲日」（第 109 頁）。該書出版前，出版社約我審讀這份

第 886 頁。「授文淵閣大學士，兼管戶部」，原文逗號失標。這篇文章是我標點的，其全部責任在我。

稿件，我把這些問題都指出來，請校注者加以修改。

　　注書者不能沒有訓詁學常識，但是也不能只有訓詁學常識。《胡安國〈春秋傳〉校釋與研究》於「螽」注釋說：「昆蟲，身體綠色或褐色，善跳躍，對農作物有害。」（第 48 頁）這裡注的是概括義，但未能有助理解原文。《春秋》書「螽」，一定是發生了比較嚴重的蝗災。《胡安國〈春秋傳〉校釋與研究》於「則當摎屈待下」，注釋說：「摎，求。」（第 53 頁）顯非其義。摎、屈同義連用，指彎曲。《宋人經筵詩講義四種》於「何其華之襛乎」，注釋說：「襛，草木茂盛貌。」（第 77 頁）前文的「華」，是「花」的古字。注釋言及「草木」，非其義。其實《漢語大詞典》的解釋「襛，美盛貌」（襛，當作襛，前文已經言及），已經給出了正確的釋義。《宋人經筵詩講義四種》中的另一條注釋說：「必我從，倒裝句，『必從我』。」（第 156 頁）古漢語中不存在所謂的倒裝句，這是語法學界的共識。

　　在釋義以外，還有些注釋中有注音。有時候，有些學者過於相信自己的知識經驗而不去翻檢字典，以致產生了不必要的錯誤。新世界出版社版《晉書地理志校注》在對犍爲郡作注時，校注者特別加注拼音，說：「犍音 jiàn。」（第 128 頁）這顯然不對，犍字在《廣韻》分屬元、仙兩韻，都是平聲，平分陰陽，不可能讀去聲。在現代漢語中，犍只有 jiān、qián 兩讀。此處作爲地名，應該讀成 qián。

四、其他失誤

　　除上文所述之外，還有些失誤也需要引起古籍整理工作者的重視。

　　（一）古籍整理中俗字的處理。有些古籍整理工作者，對文字學發展史認識不足，以保留古籍字形以供相關專業人士研究爲由，對俗字字形加以保留。這個做法也是不合理的。除了整理不得不保留字形的古籍，如文字學著作外，其他著作中的俗字是需要改成正字的。其一，綜觀漢字演變史，漢字字形一直處在變化之中，歷代整理前代文獻，對字形往往都有改動。從文獻整理角度來看，隸古定與楷書都起到了規範字形的作用。其二，古籍中往往有許多俗字字形，在今天來看，古籍整理著作中保存這些字形只是對部分文字字形的研究者有用，卻給其他閱讀者造成障礙，會影響古籍的有效傳播。而文字字形研究者，他們需要的是影印本，而不是整理本。其三，古籍用字，字形隨意。保留俗字字形，會給整理、出版造成不必要的困擾。

（二）古籍整理中部分用字問題。有些古籍整理工作者，對文字認識不足，常常會出現文字字形錯誤。比如，于於誤用、底底不別的情況，屢見不鮮。又如，范甯，不寫作「寧」，有些古籍整理著作就弄錯了。又如，「苟」字，在一些繁體字出版物中，常被誤錄成「苟」。《說文》：「苟，自急敕也。從羊省，從勹口。」與從艸從句的「苟」不同字。還如，現在古籍整理工作一般將舊字形改成新字形。這個做法值得提倡，但是少數字形轉換還需要爭議。比如將「爭」「卻」作舊字形處理，改爲「争」「却」，就不大合理。若將「爭」改成「争」，依此類推，則「淨」需改成「净」，而「净」這個字形是古籍中較少見的俗字字形。若將「淨」改成「净」，則又是簡體字字形了。顯然「爭」這個字形以不改爲宜。「卻」和「却」是隸定中產生的兩個不同字形。雖然古代也有少數俗體在後代成爲正體，而讓原先是正體降爲俗體的現象存在，但是，古代一直都以「卻」爲正體，「却」爲俗體。從約定俗成的角度來看，還是應該提倡在繁體字出版物中用「卻」。

（三）古籍整理中的釋讀問題。漢字字形演變非常複雜，有些字的字形極近，有些字形同時或歷時爲幾個字，往往稍有不愼，就會產生釋讀錯誤。比如，前文提及《音韻樓集》中「并」字被認作「井」字，就是一例。又如，「邛」與「卬」寫法相近，中華書局本《詩考·詩地理考》將「邛有旨鷊」的「邛」誤錄成「卬」（第 92 頁）。又如，「段」的俗字字形「叚」「叚」與「叚」相近，有時候也會被誤寫成「叚」。所以，我們會經常見到一些古籍整理著作中出現這個失誤。這樣的錯誤在草書釋讀中出現得更多。我最近作爲特約編輯，遇到有整理者將一幅宋畫的題詩錄爲：「薔葡花開日，園林香霧濃。要從花裏去，雨後自扶節。」「節」與前文「濃」不押韻；「節」是仄聲，出律，此處當爲平聲字；且「扶節」不辭。考慮到「節」與「筇（筇）」草寫同形，我直接將稿中的「節」改爲「筇」。整理刻本相對容易一些，若整理稿本，其中往往會使用刪改、替換、乙正等符號，而每個人對這些符號的使用又不盡相同，再細心的整理者，都難免會產生失誤。

（四）古籍整理規範的適用性問題。有著多年整理經驗的積澱，古籍整理學界逐漸形成了一些默認的行業規範，但是這個規範只是一個「共性」，整理者不能不加變通，一刀切地運用這些規範來整理所有古籍。出土文獻與傳世文獻的整理方式要加以區別。傳世文獻中，「寫本時代」的文獻與「刻本時代」的文獻整理應該要有不同的規範。「刻本時代」的刻本、稿本、鈔

本等文獻的整理也不宜等而視之。即使同爲刻本，不同的書也有各自不同的「個性」，整理者應該要視具體內容而制訂具體的整理規範。

五、餘　論

上文僅就我作爲一個古籍整理著作的閱讀者、從業者和編輯，在目力所及範圍內，粗淺地談了古籍整理中的一些失誤情況。可以說，失誤是每一部古籍整理著作中不可避免的。很多時候，出現一些這樣那樣的失誤，也並不能說明整理者水平不夠。

從古籍整理失誤的類型來看，有些失誤是無心之失，有些失誤是可以彌補的，有些失誤則是不可原諒的。整理過古籍的學者都知道，工作時間一長，稍不留神，手就不聽使喚，明知道怎麼斷句，卻下意識地產生了標點失誤。很多時候，有幾處專名線和書名號漏標、有幾處破句，其實是這樣的無心之失造成的。古籍整理工作背後隱含著大量的研究工作，需要深厚的知識背景，並不是一項純粹的技術工作。任何研究與探索的過程中，都有出錯的可能。每一個古籍整理者都要經歷學步階段，才能逐漸成長爲經驗豐富的從業者。每一個古籍整理者都要不斷學習相關知識，才能逐漸深化對研究對象的認識。在浩瀚的知識面前，學問再大的大家，也只能掌握其中微小的一部分。古籍整理者出現一些錯誤，如幾句話破句了，幾個詞注錯了，底本選錯了，並不宜無限放大。當然，不可避免地，也有些古籍整理中的失誤是不可原諒的：有些學者不具備古籍整理從業資格也整理古籍，有些出版社不具備出版古籍整理著作資格也出版相關圖書，有些編輯對古文獻學比較陌生也擔任古籍整理著作的責任編輯，從而製造出粗製濫造的古籍整理著作。還有些整理者敷衍了事，態度不端正。我曾經審讀某人的古籍整理稿件，其間錯誤太多，我讓出版社退還給他修改，他卻原稿交回。後來不得已，我幫助修改了那些錯誤。該書基本上可以視作是我標點的，只是我的名字卻未出現在該書上。這些現象近年來時有發生，應該儘量杜絕。

文學創作有文學批評，學術研究有學術批評，古籍整理也要有古籍整理批評。古籍整理批評應該是古籍整理工作的必要延續和有益補充，是古籍整理工作中不可或缺的一部分。古籍整理批評者將自己的智慧貢獻出來，於著作本身、於整理者本人、於古籍整理事業來說，皆有益處。只有公正、客觀、合理、健康的批評，才能促進並推動這個學科健康有序地發展。但是，目前

的相關批評也有一些不足之處。首先，目前還缺乏健康的批評環境。有些古籍整理者因爲出現過一些失誤，就爲人所譏，甚至影響到職稱評定。這樣不合理的事情時有發生，說明古籍整理行業需要一個寬鬆、健康的批評環境。其次，目前的批評風氣並不都是健康的。有些批評者只顧糾錯，故意忽視整理者的付出與取得的成績。有些批評者只是爲批評而批評，甚至吹毛求疵，求之過深。我就曾見過有網友以自己不喜標引號，而批評別人標引號。其實標明引文起訖才是更見功力的整理行爲。我提示他不要以自己的習慣批評別人的習慣，他才認識到其中的不妥。有些批評者或於古籍整理理性認識不足，或學力不足，在批評中以不誤爲誤，甚至無理取鬧。更有甚者，有些批評者並不是基於純學術批評的立場，而是挾有私心，或罔顧事實而一味吹捧，或以搞臭別人爲目的；有些批評回應者將回應變成回擊。這是學術倫理失範造成的不良現象。以上這些批評行爲都不值得提倡。第三，目前的古籍整理批評機制建設很是薄弱。目前的古籍整理批評尚處於隨意而無序的狀態，更談不上學理層面的研究了。這方面的工作還有待管理者和從業者的共同努力。

（本文原刊於《濟南大學學報》，2018 年第 1 期；
《高等學校文科學術文摘》2018 年第 2 期摘引觀點）